新学習指導要領対応

コウペンちゃんといっしょに学ぶ

一期《いちご》一会《いちえ》の出会《であ》いなり！
会《あ》いにきたよー！

イラスト
るるてあ

監修
深谷圭助
中部大学教授
辞書引き学習法開発者

小学生の四字熟語

KADOKAWA

はじめに
～おうちのかたへ～

「四字熟語《よじじゅくご》」とは、文字通《もじどお》り、四《よっ》つの漢字《かんじ》を重《かさ》ねてできた熟語《じゅくご》のことです。私《わたし》が大学《だいがく》で教《おし》えている中国人学生《ちゅうごくじんがくせい》に聞《き》いてみると、中国語《ちゅうごくご》では、これらを「成語《せいご》」と呼《よ》んでいて、たくさんの「成語《せいご》」を子《こ》どものころから学《まな》ばなければならないそうです。

四字熟語《よじじゅくご》は、たった四文字《よんもじ》の漢字《かんじ》で、人類《じんるい》の英知《えいち》をその背景《はいけい》を含《ふく》めて表《あらわ》すことができます。深《ふか》いものごとの考《かんが》え方《かた》や思想《しそう》を表《あらわ》すこともできます。よく、スピーチや文章《ぶんしょう》で、四字熟語《よじじゅくご》が用《もち》いられるのは、短《みじか》くても、深《ふか》みのあることばで相手《あいて》に伝《つた》えることができるからなのです。

その一方《いっぽう》で、四字熟語《よじじゅくご》は、仏教《ぶっきょう》や中国《ちゅうごく》の古典《こてん》から生《う》まれたものもあり、難解《なんかい》なものも多《おお》いので、覚《おぼ》えられない、使《つか》えないと思《おも》っている人《ひと》も多《おお》いのではないでしょうか。

また、四字熟語《よじじゅくご》は、すべて学校《がっこう》で学《まな》ぶものではなく、日《ひ》ごろの生活《せいかつ》の中《なか》で使《つか》われるものもあるので、正確《せいかく》な四字熟語《よじじゅくご》の意味《いみ》や使《つか》い方《かた》を知《し》る機会《きかい》は多《おお》くないと思《おも》います。ですから、四字熟語《よじじゅくご》は苦手《にがて》だと感《かん》じている人《ひと》は多《おお》いのではないでしょうか。

本書《ほんしょ》は、コウペンちゃんと仲間《なかま》たちが、正《ただ》しい四字熟語《よじじゅくご》の意味《いみ》と使《つか》い方《かた》を教《おし》えてくれる本《ほん》です。コウペンちゃん、シロクマさん、アデリーさん、大人《おとな》のペンギンさん、邪《よこシマ》エナガさんが、コウペンちゃんたちの生活《せいかつ》の一《いち》場面《ばめん》を例《れい》にして、四字熟語《よじじゅくご》の使《つか》い方《かた》を教《おし》えてくれます。コウペンちゃんの日常生活《にちじょうせいかつ》の中《なか》で四字熟語《よじじゅくご》が使《つか》われることで、ほのぼのした生活《せいかつ》が引《ひ》き締《し》まってみえるのは不思議《ふしぎ》です。

本書《ほんしょ》で四字熟語《よじじゅくご》をコウペンちゃんたちと共《とも》に勉強《べんきょう》すると、コウペンちゃんに不思議《ふしぎ》な魔法《まほう》をかけられたように、四字熟語《よじじゅくご》が大好《だいす》きになります。

はじめは、漢字《かんじ》が書《か》けなくても、声《こえ》に出《だ》して元気《げんき》よく言《い》えれば大丈夫《だいじょうぶ》です。何度《なんど》も声《こえ》を出《だ》すと、四字熟語《よじじゅくご》はリズムがよいので、すぐに覚《おぼ》えてしまうはずです。漢字《かんじ》で書《か》けるようになるまでに、声《こえ》に出《だ》して言《い》えるようにしてみたらいかがでしょう。

大切《たいせつ》なのは、四字熟語《よじじゅくご》のリズムを体《からだ》で覚《おぼ》えること、そして、その使《つか》い方《かた》を知《し》ることなのです。だんだん、漢字《かんじ》で書《か》けるようになるといいですよね。

さあ、楽《たの》しく四字熟語《よじじゅくご》を学《まな》んでみましょう。

令和《れいわ》元年《がんねん》12月《がつ》吉日《きちじつ》

京都下鴨《きょうとしもがも》にて　中部大学《ちゅうぶだいがく》　教授《きょうじゅ》　深谷圭助《ふかやけいすけ》

この本《ほん》の特長《とくちょう》と使《つか》い方《かた》

この本《ほん》は、コウペンちゃんといっしょに、四字熟語《よじじゅくご》を学《まな》ぶ本《ほん》です。

はじめに、コウペンちゃんが、〝四字熟語《よじじゅくご》が楽《たの》しく学《まな》べるおまじない〟をかけ、小学校《しょうがっこう》で覚《おぼ》えておきたい四字熟語《よじじゅくご》を、6つの章《しょう》にまとめてくれました。

特《とく》に重要《じゅうよう》な100個《こ》の四字熟語《よじじゅくご》については、「意味《いみ》」と「使《つか》い方《かた》」を書《か》いています。

四字熟語《よじじゅくご》を楽《たの》しく学《まな》べるコラムもあります。本《ほん》の最後《さいご》には、「さくいん」もついています。さくいんは、四《よ》字熟語《じじゅくご》の意味《いみ》をもう一度《いちど》確認《かくにん》したいときに役立《やくだ》ちますよ。

さあ、コウペンちゃんと仲間《なかま》たちといっしょに、楽《たの》しく四字熟語《よじじゅくご》を学《まな》びましょう！

特《とく》に重要《じゅうよう》な四字熟語《よじじゅくご》です。中《ちゅう》学校以上《がっこういじょう》で習《なら》う漢字《かんじ》も使《つか》っています。

四字熟語《よじじゅくご》の意味《いみ》をわかりやすく解説《かいせつ》しています。

「意味《いみ》」と「使《つか》い方《かた》」の中《なか》の漢《かん》字《じ》は、できるだけ小学校《しょうがっこう》で習《なら》う漢字《かんじ》を扱《あつか》い、すべての漢字《かんじ》に読《よ》みがなをつけています。

わかりにくいことばなどには、「メモ」として解説《かいせつ》も書《か》いています。

四字熟語《よじじゅくご》をどのように使《つか》ったらよいかをコウペンちゃんたちの会話《かいわ》で学《まな》びましょう。

意気投合《いきとうごう》

意味《いみ》　おたがいの気持《きも》ちや考《かんが》えが、ぴったり合《あ》うこと。

メモ　「意気《いき》」は気持《きも》ち、「投合《とうごう》」はぴったり合《あ》うこと。

使《つか》い方《かた》
邪《よこしま》エナガちゃんとは、会《あ》ってすぐに友《とも》だちになったんだよ！
まさに、**意気投合《いきとうごう》**したというわけですね。

仲良《なかよ》し〜

12

異口同音《いくどうおん》

意味《いみ》　多《おお》くの人《ひと》が、口《くち》をそろえて同《おな》じことを言《い》うこと。

メモ　「異口《いく》」は異《こと》なる人々《ひとびと》の口《くち》、「同音《どうおん》」は同《おな》じことを言《い》うこと。＊148ページも見《み》てね。

使《つか》い方《かた》
ちょっと休《きゅう》けいでもするか？
は〜い！
みんな、**異口同音《いくどうおん》**に賛成《さんせい》したね。

おつかれさん！
まあ茶《ちゃ》でも飲《の》んでけ

13

本書《ほんしょ》は、新小学校学習指導要領《しんしょうがっこうがくしゅうしどうようりょう》（2017年《ねん》3月告示《がつこくじ》、2020年《ねん》4月全面実施《がつぜんめんじっし》）に対応《たいおう》しています。知識及《ちしきおよ》び技能《ぎのう》に関《かん》する内容《ないよう》のうち、⑵伝統的《でんとうてき》な言語文化《げんごぶんか》に対応《たいおう》しています。

もくじ

1章《しょう》 気《き》持《も》ちに関《かん》する四《よ》字《じ》熟《じゅく》語《ご》

2章《しょう》 行動《こうどう》に関《かん》する四字熟語《よじじゅくご》

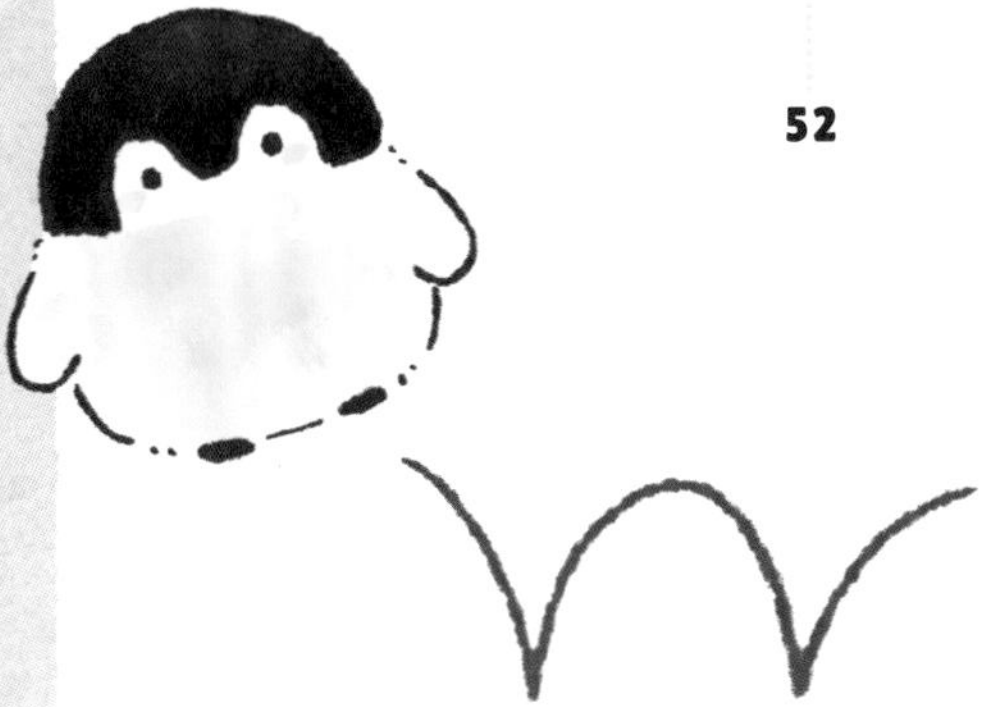

3章《しょう》 状《じょう》況《きょう》に関《かん》する四《よ》字《じ》熟《じゅく》語《ご》

4章《しょう》 態《たい》度《ど》に関《かん》する四《よ》字《じ》熟《じゅく》語《ご》

5章《しょう》 自《し》然《ぜん》・知《ち》恵《え》・人《じん》生《せい》に関《かん》する四《よ》字《じ》熟《じゅく》語《ご》

6章《しょう》 その他《た》の四字熟語《よじじゅくご》

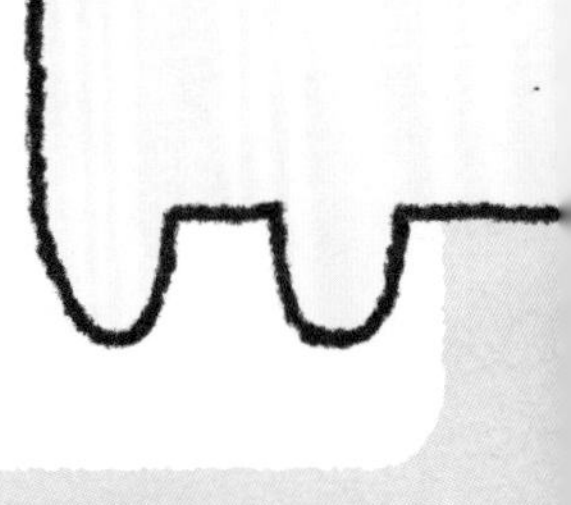

1章《しょう》

気《き》持《も》ちに関《かん》する四字熟語《よじじゅくご》

▲21ページ「喜怒哀楽《きどあいらく》」より

意《い》気《き》投《とう》合《ごう》

意《い》味《み》

おたがいの気持《きも》ちや考《かんが》えが、ぴったり合《あ》うこと。

メモ

「意気《いき》」は気持《きも》ち、「投合《とうごう》」はぴったり合《あ》うこと。

使《つか》い方《かた》

邪《よこシマ》エナガちゃんとは、会《あ》ってすぐに友《とも》だちになったんだよ！

まさに、**意《い》気《き》投《とう》合《ごう》**したというわけですね。

異《い》口《く》同《どう》音《おん》

意味《いみ》

多《おお》くの人《ひと》が、口《くち》をそろえて同《おな》じことを言《い》うこと。

メモ

「異口《いく》」は異《こと》なる人々《ひとびと》の口《くち》、「同音《どうおん》」は同《おな》じことを言《い》うこと。＊148ページも見《み》てね。

使《つか》い方《かた》

ちょっと休《きゅう》けいでもするか？

は～い！

みんな、**異口同音《いくどうおん》**に賛成《さんせい》したね。

以《い》心《しん》伝《でん》心《しん》

意《い》味《み》

口《くち》に出《だ》して言《い》わなくても、おたがいの心《こころ》が通《つう》じ合《あ》うこと。

メモ

元《もと》は「心《こころ》を以《もっ》て心《こころ》に伝《つた》える」という仏教《ぶっきょう》のことば。

使《つか》い方《かた》

今夜《こんや》は焼《や》き魚《ざかな》だぜ！

ちょうど食《た》べたいと思《おも》っていました。**以《い》心《しん》伝《でん》心《しん》**ですね。

お魚《さかな》
いっしょに食《た》べよう

一《いち》日《じつ》千《せん》秋《しゅう》

意味《いみ》

とても待《ま》ち遠《どお》しいこと。

メモ

「千秋《せんしゅう》」は千年《せんねん》のこと。一日《いちにち》が千年《せんねん》のように感《かん》じられるという意味《いみ》。「いちにちせんしゅう」とも読《よ》むよ。

使《つか》い方《かた》

この前《まえ》まいた種《たね》、早《はや》く芽《め》が出《で》ないかな〜。

一日千秋《いちじつせんしゅう》の思《おも》いで待《ま》っているんだね。

早《はや》く会《あ》いたいですって
伝《つた》えといたら
どうだ？
早《はや》く会《あ》いたいなぁ

一《いち》念《ねん》発《ほっ》起《き》

意《い》味《み》

あることを成《な》しとげようと、心《こころ》を新《あら》たにすること。

メモ

「一念《いちねん》」はいちずに思《おも》うこと、「発起《ほっき》」は思《おも》いついてものごとを始《はじ》めること。元《もと》は仏教《ぶっきょう》のことばで、改心《かいしん》して仏門《ぶつもん》に入《はい》ることをいうよ。

使《つか》い方《かた》

二人《ふたり》はメジャーリーガーを目指《めざ》して**一念発起《いちねんほっき》**、朝練《あされん》も始《はじ》めたのですか？

がんばれ！

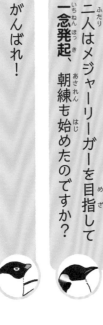

二刀流《にとうりゅう》だ！
ぼくも〜！
HANAMARU
DARKNESS
DARKNESS

一《いっ》喜《き》一《いち》憂《ゆう》

意《い》味《み》 喜《よろこ》んだり、心配《しんぱい》したりすること。

メモ 「喜《き》」は喜《よろこ》ぶこと、「憂《ゆう》」は心配《しんぱい》すること。

使《つか》い方《かた》

やった～、点《てん》が入《はい》った！　ぐぬぬ、点《てん》を取《と》られた！

そんなに**一《いっ》喜《き》一《いち》憂《ゆう》**しないで、少《すこ》し落《お》ち着《つ》くといいんだよ。

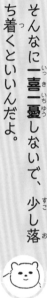

意《い》味《み》深《しん》長《ちょう》

意味《いみ》

ことばや行動《こうどう》の裏《うら》に、とても深《ふか》い意味《いみ》があること。

メモ

「意味《いみ》」はおもむきやわけ、「深長《しんちょう》」は奥《おく》が深《ふか》いこと。略《りゃく》して「意味深《いみしん》」ともいうよ。

眠《ねむ》ると体《からだ》にいいんだよ。

使《つか》い方《かた》

シロクマさんのことばは、あたりまえのようでいて、いつも**意味深長**《いみしんちょう》に聞《き》こえます。

何《なん》でも知《し》っているわけではないんだよ
意味深《いみしん》に聞《き》こえる…

臥《が》薪《しん》嘗《しょう》胆《たん》

意味《いみ》

目的《もくてき》を果《は》たすため、長《なが》い間《あいだ》、苦労《くろう》を続《つづ》けること。

メモ

かつて負《ま》けた敵《てき》に勝《か》つためにかたい「薪《まき》」の上《うえ》に「臥《ふ》」したり、苦《にが》い「胆《きも》」を「嘗《な》」めたりするような苦労《くろう》を続《つづ》けるという中国《ちゅうごく》の話《はなし》から。

使《つか》い方《かた》

毎日《まいにち》、努力《どりょく》を続《つづ》けてるの？　えら～い！

臥《が》薪《しん》嘗《しょう》胆《たん》、いつか飛《と》べるようになるためです。

毎日《まいにち》
えら～い！

疑《ぎ》心《しん》暗《あん》鬼《き》

意《い》味《み》

いったん疑《うたが》い始《はじ》めると、何《なん》でもないことまで疑《うたが》わしく、不安《ふあん》に思《おも》えること。

メモ

「疑心《ぎしん》」は疑《うたが》う心《こころ》、「暗鬼《あんき》」は暗《くら》やみの中《なか》に見《み》える鬼《おに》のこと。

使《つか》い方《かた》

あそこに何《なに》かいる！　お、おばけにちがいない！

カーテンがゆれているだけなんだよ。おばけのまんがを読《よ》んだから、**疑心暗鬼**《ぎしんあんき》になっているんだね。

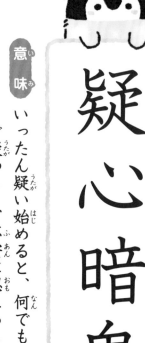

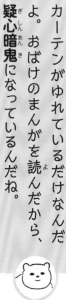

喜《き》怒《ど》哀《あい》楽《らく》

意《い》味《み》

喜《よろこ》び・怒《いか》り・悲《かな》しみ・楽《たの》しみのこと。人《にん》間《げん》のさまざまな感情《かんじょう》を表《あらわ》したことば。

使《つか》い方《かた》

よっ、白玉団子《しらたまだんご》！

ガーン！　まったく、邪悪《じゃあく》じゃない（怒《ど》）！

おまえは、**喜《き》怒《ど》哀《あい》楽《らく》**がすぐに顔《かお》に出《で》るな。

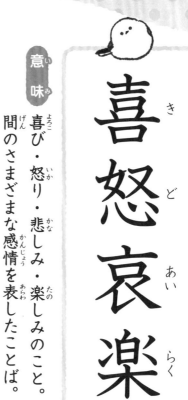

虎《こ》視《し》眈《たん》眈《たん》

意《い》味《み》
じっと、よい機会《きかい》をうかがっているようす。

メモ
「虎視《こし》」は虎《とら》がえものをねらう目《め》、「眈眈《たんたん》」はじっと見下《みお》ろしていること。

使《つか》い方《かた》
スマッシュを決《き》めたの？　すご～い！

相手《あいて》のすきを**虎視眈眈**《こしたんたん》とねらうことが大切《たいせつ》だよ。

ボールに似《に》てるなぁ…
フン…無礼者《ぶれいもの》め

順《じゅん》風《ぷう》満《まん》帆《ぱん》

意《い》味《み》　ものごとがすべて順調《じゅんちょう》に進《すす》んでいるようす。

メモ　「順風《じゅんぷう》」は追《お》い風《かぜ》、「満帆《まんぱん》」は帆《ほ》をいっぱいに張《は》ること。「満帆《まんぱん》」を「まんほ」や「まんぽ」と読《よ》むのはまちがいだよ。

使《つか》い方《かた》

野菜《やさい》がたくさん採《と》れましたね。

今年《ことし》は特《とく》に、**順風満帆《じゅんぷうまんぱん》**に育《そだ》ってくれたな。

とうもろこしが豊作《ほうさく》だ！

焼《や》きとうもろこしにしたぞ！　食《く》え！

正《しょう》真《しん》正《しょう》銘《めい》

意《い》味《み》

うそいつわりがまったくなく、本物《ほんもの》であること。

メモ

「正真《しょうしん》」は真実《しんじつ》であること、「正銘《しょうめい》」は本物《ほんもの》であり、ちゃんとした銘《めい》（作者《さくしゃ》の名前《なまえ》）があること。

使《つか》い方《かた》

アデリーさんに「ぼたもち」とあだ名《な》をつけられました。

正真正銘《しょうしんしょうめい》のぼたもちは、これだよ！

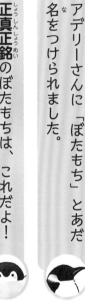

心《しん》機《き》一《いっ》転《てん》

意《い》味《み》

あることをきっかけに、気《き》持《も》ちがすっかり変《か》わること。

メモ

「心《しん》機《き》」は心《こころ》の動《うご》き、「一《いっ》転《てん》」はがらっと変《か》わること。

使《つか》い方《かた》

走《はし》って、えら〜い！

最《さい》近《きん》、ちょっと太《ふと》ってきたからな。**心《しん》機《き》一《いっ》転《てん》**、ダイエットを始《はじ》めたぜ。

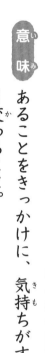

単《たん》刀《とう》直《ちょく》入《にゅう》

意味《いみ》

前置《まえお》きなしに、いきなり本題《ほんだい》に入《はい》ること。

メモ

「単刀《たんとう》」は一本《いっぽん》の刀《かたな》、「直入《ちょくにゅう》」はすぐに入《はい》ること。

使《つか》い方《かた》

本《ほん》を読《よ》んでるの？　えら〜い！

単刀直入《たんとうちょくにゅう》に言《い》って、この本《ほん》は世界一《せかいいち》、すばらしいと思《おも》うんだ。

この本《ほん》を読《よ》んで宇宙《うちゅう》の成《な》り立《た》ちを理解《りかい》できるようになったんだよ
メモメモ

半《はん》信《しん》半《はん》疑《ぎ》

意《い》味《み》

本当《ほんとう》かどうか、信《しん》じきれないようす。

使《つか》い方《かた》

晴《は》れてるのに天《てん》気《き》予《よ》報《ほう》は雨《あめ》。**半《はん》信《しん》半《はん》疑《ぎ》**でかさを持《も》って行《い》ったら、雨《あめ》が降《ふ》りました。

かさが役《やく》に立《た》って、よかったな！

かさを持《も》って行《い》って
えら〜い！

気《き》持《も》ち に関《かん》する四《よ》字《じ》熟《じゅく》語《ご》

こんなにたくさん
あるの?
すご〜い!

話《はな》し合《あ》い

開《かい》口《こう》一《いち》番《ばん》

話《はな》し始《はじ》めてすぐに。

＊148ページも見《み》てね。

侃《かん》侃《かん》諤《がく》諤《がく》

遠《えん》りょをしないで、ありのままに意《い》見《けん》を言《い》うようす。

簡《かん》単《たん》明《めい》瞭《りょう》

わかりやすいこと。

喧《けん》喧《けん》囂《ごう》囂《ごう》

たくさんの人《ひと》がやかましくさわぎ立《た》てるようす。

意《い》思《し》疎《そ》通《つう》

思《おも》いや考《かんが》えが相《あい》手《て》に通《つう》じること。

意《い》思《し》表《ひょう》示《じ》

自《じ》分《ぶん》の気《き》持《も》ちや考《かんが》えをはっきりと表《あらわ》すこと。

一《いち》問《もん》一《いっ》答《とう》

一《ひと》つ質《しつ》問《もん》し、一《ひと》つ答《こた》えること。

音《おん》信《しん》不《ふ》通《つう》

連《れん》絡《らく》がないこと。連《れん》絡《らく》が取《と》れないこと。

丁《ちょう》丁《ちょう》発《はっ》止《し》

おたがいに激《はげ》しく意《い》見《けん》を言《い》い合《あ》うようす。

満《まん》場《じょう》一《いっ》致《ち》

その場《ば》にいる全《ぜん》員《いん》の意《い》見《けん》が
一《ひと》つにまとまること。

無《む》理《り》難《なん》題《だい》

①理《り》くつに合《あ》わない言《い》いがかりのこと。②とてもできそうにない難《むずか》しい問《もん》題《だい》。

問《もん》答《どう》無《む》用《よう》

話《はな》し合《あ》う必《ひつ》要《よう》がないこと。

賛《さん》否《ぴ》両《りょう》論《ろん》

賛《さん》成《せい》と反《はん》対《たい》の二《ふた》つの意《い》見《けん》。

舌《した》先《さき》三《さん》寸《ずん》

口《くち》先《さき》だけで、心《こころ》がともなっていないこと。

＊ 149ページも見《み》てね。

質《しつ》疑《ぎ》応《おう》答《とう》

質《しつ》問《もん》とそれに対《たい》する答《こた》え。

他《た》言《ごん》無《む》用《よう》

秘《ひ》密《みつ》を他《た》人《にん》に話《はな》してはいけないということ。

単《たん》純《じゅん》明《めい》快《かい》

簡《かん》単《たん》で、とてもわかりやすいこと。

感情《かんじょう》・希望《きぼう》

喜色満面《きしょくまんめん》

喜《よろこ》びが顔中《かおじゅう》にあふれているようす。

狂喜乱舞《きょうきらんぶ》

我《われ》を忘《わす》れるほど喜《よろこ》んで、おどり出《だ》すようす。

興味津津《きょうみしんしん》

おもしろいと思《おも》う気《き》持《も》ちが、どんどんわいてくるようす。

九分九厘《くぶくりん》

ほとんど確《たし》かであること。ほとんど全部《ぜんぶ》。

意気消沈《いきしょうちん》

がっかりすること。

意気揚揚《いきようよう》

得意《とくい》で、ほこらしいようす。

一世一代《いっせいちだい》

一生《いっしょう》にたった一度《いちど》だけのこと。

感慨無量《かんがいむりょう》

何《なに》も言《い》えないくらい、しみじみとした気《き》持《も》ちになること。

叱《しっ》咤《た》激《げき》励《れい》

大声《おおごえ》で強《つよ》く励《はげ》ますこと。

十《じっ》中《ちゅう》八《はっ》九《く》

十《じゅう》のうち八《はち》か九《きゅう》の割合《わりあい》ということから、ほとんど。

自《じ》暴《ぼう》自《じ》棄《き》

自分《じぶん》はどうなってもよいと、投《な》げやりな気《き》持《も》ちになること。

笑《しょう》止《し》千《せん》万《ばん》

笑《わら》いたくなるほど、ばかばかしいこと。

捲《けん》土《ど》重《ちょう》来《らい》

一度《いちど》敗《やぶ》れたり、失敗《しっぱい》した者《もの》が、勢《いきお》いを盛《も》り返《かえ》してやって来《く》ること。

残《ざん》念《ねん》無《む》念《ねん》

心残《こころのこ》りで、くやしいこと。

士《し》気《き》高《こう》揚《よう》

みんなのやる気《き》が高《たか》まること。

事《じ》実《じつ》無《む》根《こん》

事実《じじつ》であるという根《こん》きょがまったくないこと。

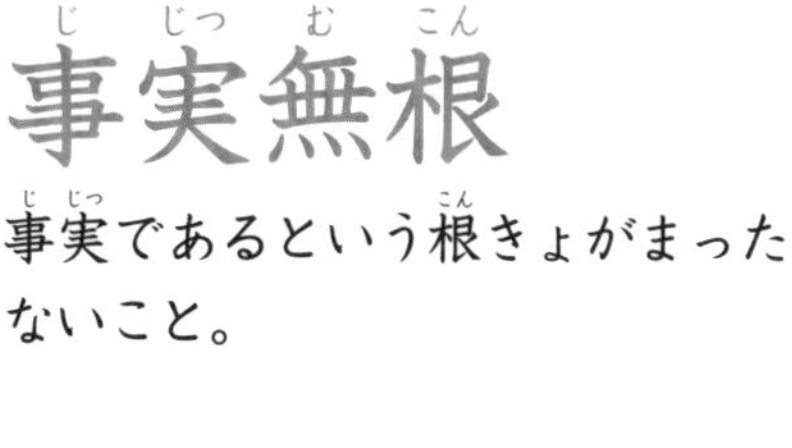

被《ひ》害《がい》妄《もう》想《そう》

常《つね》に害《がい》を受《う》けていると、思《おも》いこむこと。

悲《ひ》喜《き》交《こも》交《ごも》

悲《かな》しみと喜《よろこ》びが、代《か》わる代《が》わる起《お》こること。

不《ふ》倶《ぐ》戴《たい》天《てん》

うらみやにくしみがとても深《ふか》いこと。

不《ふ》撓《とう》不《ふ》屈《くつ》

どんな困《こん》難《なん》にもくじけないこと。

真《しん》相《そう》究《きゅう》明《めい》

ものごとの真《しん》実《じつ》の姿《すがた》をきちんと調《しら》べてはっきりさせること。

青《せい》天《てん》白《はく》日《じつ》

やましいことがまったくないこと。無《む》罪《ざい》であることがはっきりすること。

得《とく》意《い》満《まん》面《めん》

得《とく》意《い》になっている気《き》持《も》ちが、顔《かお》中《じゅう》に表《あらわ》れていること。

破《は》顔《がん》一《いっ》笑《しょう》

顔《かお》をほころばせて、にっこりすること。＊149ページも見《み》てね。

明明白白《めいめいはくはく》

はっきりしているようす。少《すこ》しも疑《うたが》わしいところがないようす。

勇気百倍《ゆうきひゃくばい》

意気《いき》ごみが、とても強《つよ》いようす。

不眠不休《ふみんふきゅう》

眠《ねむ》ったり休《やす》んだりしないで、ものごとをやりとげようとすること。

茫然自失《ぼうぜんじしつ》

あっけにとられて、我《われ》を忘《わす》れてしまうようす。

抱腹絶倒《ほうふくぜっとう》

腹《はら》を抱《かか》えて転《ころ》げるほど、大笑《おおわら》いすること。

＊ 149 ページも見《み》てね。

対人関係《たいじんかんけい》

慇懃無礼《いんぎんぶれい》

ことばや態度《たいど》が丁《てい》ねいすぎると、かえって無礼《ぶれい》になるようす。

一心同体《いっしんどうたい》

二人以上《ふたりいじょう》の人《ひと》が心《こころ》を一つにして、まるで一人《ひとり》の人《ひと》になったようにかたく結《むす》びつくこと。

不即不離《ふそくふり》

つかず離《はな》れずの関係《かんけい》のこと。

友好関係《ゆうこうかんけい》

国《くに》や団体《だんたい》どうしが、友《とも》だちのように親《した》しい関係《かんけい》にあること。

和気藹藹《わきあいあい》

打《う》ち解《と》けて、和《なご》やかに過《す》ごしているようす。

相互扶助《そうごふじょ》

お互《たが》いに支《ささ》え合《あ》い、助《たす》け合《あ》うこと。

相思相愛《そうしそうあい》

お互《たが》いに愛《あい》し合《あ》っていること。

他人行儀《たにんぎょうぎ》

親《した》しい仲《なか》なのに、まるで他人《たにん》のようによそよそしくふるまうこと。

仲間意識《なかまいしき》

グループのメンバーとして、お互《たが》いに仲間《なかま》だと思《おも》う気持《きも》ち。

2章《しょう》

行動《こうどう》に関《かん》する四字熟語《よじじゅくご》

とりゃ〜！
がんばれ！
ぼたもちさん

▲41ページ「四《し》苦《く》八《はっ》苦《く》」より

暗《あん》中《ちゅう》模《も》索《さく》

意《い》味《み》

手《て》がかりもなしに、あれこれと考《かんが》えてやってみること。

メモ

暗《くら》やみの中《なか》で手探《てさぐ》りでものを探《さが》すことから。「模《も》索《さく》」は手探《てさぐ》りで探《さが》すこと。

使《つか》い方《かた》

新《あたら》しいスイーツを作《つく》ることにしたの？　すご～い！

まだ考《かんが》え始《はじ》めたばかりで、**暗《あん》中《ちゅう》模《も》索《さく》**の毎日《まいにち》だ。

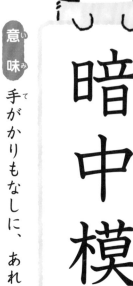

一《いち》網《もう》打《だ》尽《じん》

意味《いみ》

一度《いちど》にすべてをとらえること。

メモ

網《あみ》を使《つか》って魚《さかな》をすべてとりつくすということから。「一網《いちもう》」は一《ひと》つの網《あみ》。

使《つか》い方《かた》

ももたろうコウペンちゃんだよ。おに退治《たいじ》に来《き》た～！

心配《しんぱい》は無用《むよう》だ！　我《われ》が**一網打尽《いちもうだじん》**にしてくれるわ！

こんにちは！
ぐぬぬ…
ヤツは敵《てき》だぞ！
こんにちは！

一《いっ》心《しん》不《ふ》乱《らん》

意《い》味《み》

一《ひと》つのことに集中《しゅうちゅう》して、ほかのことには心《こころ》を乱《みだ》されないこと。

使《つか》い方《かた》

一心不乱《いっしんふらん》に何《なに》をしているのかな？

けん玉《だま》のお皿《さら》に玉《たま》を乗《の》せたいんだ～！

右《う》往《おう》左《さ》往《おう》

意味《いみ》

どうしたらよいかわからず、あわててうろうろすること。

メモ

右《みぎ》へ行《い》ったり左《ひだり》へ行《い》ったりすることから。「往《おう》」は行《い》くという意味《いみ》だよ。

使《つか》い方《かた》

とう着《ちゃく》できて、えらい！

道《みち》に迷《まよ》って**右《う》往《おう》左《さ》往《おう》**しましたが、ようやくたどり着《つ》けました。

待《ま》っていたよ〜！

孤《こ》軍《ぐん》奮《ふん》闘《とう》

意味《いみ》

周《まわ》りから助《たす》けを受《う》けないで、一人《ひとり》でけん命《めい》に努力《どりょく》すること。

メモ

孤立《こりつ》した少数《しょうすう》の軍勢《ぐんぜい》が必死《ひっし》に敵《てき》と戦《たたか》うようすから。

使《つか》い方《かた》

一人《ひとり》でがんばったの？　えら～い！

まさに**孤軍奮闘《こぐんふんとう》**で、すべての敵《てき》を次《つぎ》から次《つぎ》へとなぎたおしたわ！（夢《ゆめ》の中《なか》でな……！）

な～でなでなで
なでなでなで

四《し》苦《く》八《はっ》苦《く》

意味《いみ》

とても苦労《くろう》すること。

メモ

「四苦《しく》」は、生《しょう》・老《ろう》・病《びょう》・死《し》のこと。これに「愛《あい》別離苦《べつりく》（愛《あい》する人《ひと》と別《わか》れる苦《くる》しみ）」などの四《よっ》つの苦《くる》しみを足《た》して「八苦《はっく》」とした。元《もと》は仏教《ぶっきょう》のことば。

使《つか》い方《かた》

飛《と》ぶ練習《れんしゅう》に**四苦八苦《しくはっく》**する毎日《まいにち》です。

いつか、きっと飛《と》べるようになるぜ。

とりゃ〜！
がんばれ！ぼたもちさん

獅《し》子《し》奮《ふん》迅《じん》

意味《いみ》

激《はげ》しい勢《いきお》いで活動《かつどう》しているようす。

メモ

「獅子《しし》」はライオン、「奮迅《ふんじん》」は激《はげ》しく奮《ふる》い立《た》つこと。ライオンが奮《ふる》い立《た》って進《すす》むようすから。

使《つか》い方《かた》

マラソン大会《たいかい》で五人《ごにん》もぬいたの？すご〜い！

まさに**獅《し》子《し》奮《ふん》迅《じん》**の大活躍《だいかつやく》だね。

もうゴールしているぞ！
おーい！
わっせっわっせっ
870
ゴール!!

取《しゅ》捨《しゃ》選《せん》択《たく》

意《い》味《み》

悪《わる》いものや不《ふ》要《よう》なものを捨《す》て、よいものや必《ひつ》要《よう》なものだけ選《えら》び取《と》ること。

メモ

「取捨《しゅしゃ》」は取《と》ることと捨《す》てること、「選択《せんたく》」は選《えら》び取《と》ること。

使《つか》い方《かた》

お部屋《へや》の片《かた》づけがもう終《お》わったの？ えら〜い！

取捨選択《しゅしゃせんたく》の判断《はんだん》をすばやくしたおかげです。

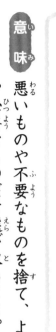

切《せっ》磋《さ》琢《たく》磨《ま》

意味《いみ》

努力《どりょく》して、学問《がくもん》や人格《じんかく》を高《たか》めること。また、友《とも》だちどうしがはげまし合《あ》い、競《きそ》い合《あ》って、向上《こうじょう》しようとすること。

メモ

「切磋《せっさ》」は骨《ほね》や角《つの》を切《き》って磨《みが》くこと、「琢磨《たくま》」は玉《たま》などを磨《みが》くこと。

使《つか》い方《かた》

おたがいにがんばっているの？　えら～い！

友《とも》だちと**切磋琢磨《せっさたくま》**し合《あ》うことで、持《も》っている力《ちから》以上《いじょう》のものが発揮《はっき》できるんだよ。

邪《よこシマ》エナガちゃんすごいなあ！
ククク…
切磋琢磨《せっさたくま》の道《みち》は険《けわ》しい！

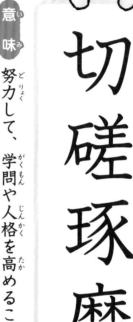

猪《ちょ》突《とつ》猛《もう》進《しん》

意《い》味《み》

周《まわ》りのことを考《かんが》えないで、がむしゃらに進《すす》むこと。

メモ

「猪突《ちょとつ》」は猪《いのしし》が突進《とっしん》すること、「猛進《もうしん》」は激《はげ》しい勢《いきお》いで進《すす》むこと。

使《つか》い方《かた》

アデリーさんがすごい速《はや》さで走《はし》って行《い》ったよ！

まさに**猪突猛進**《ちょとつもうしん》でしたね。

電《でん》光《こう》石《せっ》火《か》

意味《いみ》

動《うご》きがとても速《はや》いこと。また、とても短《みじか》い時間《じかん》のこと。

メモ

「電光《でんこう》」はいな妻《づま》、「石火《せっか》」は石《いし》と石《いし》を打《う》つときに出《で》る火花《ひばな》。

使《つか》い方《かた》

パンケーキを十分《じっぷん》で十枚《じゅうまい》焼《や》いたの？

電光石火《でんこうせっか》の早業《はやわざ》ですね！

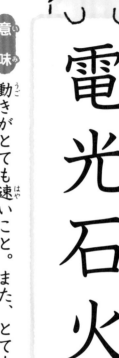

東《とう》奔《ほん》西《せい》走《そう》

意《い》味《み》

仕事《しごと》や目的《もくてき》のために、あちこち走《はし》り回《まわ》ること。

メモ

東《ひがし》や西《にし》に走《はし》り回《まわ》る（奔走《ほんそう》する）ということから。

使《つか》い方《かた》

東《とう》奔《ほん》西《せい》走《そう》して、ようやく読《よ》みたかった月《つき》の本《ほん》を手《て》に入《い》れたんだよ。

すご～い！

ぼくにはちょっと難《むずか》しいかも？

不《ふ》言《げん》実《じっ》行《こう》

意味《いみ》

あれこれ言《い》わずに、だまってやるべきことをやること。

メモ

このことばから、口《くち》に出《だ》したことを必《かなら》ずやりとげるという意味《いみ》の「有言実行《ゆうげんじっこう》」（↓54ページ）ということばができたよ。

使《つか》い方《かた》

自分《じぶん》で進《すす》んでお手伝《てつだ》いしてるの？　えら〜い！

不言実行《ふげんじっこう》しているんですね。

おうちのこと
やって
えら〜い！

粉《ふん》骨《こつ》砕《さい》身《しん》

意味《いみ》

力《ちから》の限《かぎ》り努力《どりょく》すること。

メモ

骨《ほね》が粉《こな》になり、身《み》が砕《くだ》けるほど力《ちから》をつくすということから。

使《つか》い方《かた》

世界《せかい》を手中《しゅちゅう》に収《おさ》めるために**粉骨砕身**《ふんこつさいしん》してがんばるぞ！

ぼくも～！

無《む》我《が》夢《む》中《ちゅう》

意《い》味《み》

我《われ》を忘《わす》れて、あることに熱中《ねっちゅう》するようす。

メモ

「無我《むが》」は我《われ》を忘《わす》れること、「夢中《むちゅう》」はあることに心《こころ》をうばわれること。「無中《むちゅう》」と書《か》くのはまちがいだよ。

使《つか》い方《かた》

無我夢中《むがむちゅう》で編《あ》んでいたら、あっという間《ま》に朝《あさ》が来《き》た！

もうぼうしとセーターを編《あ》んだの？すご～い！

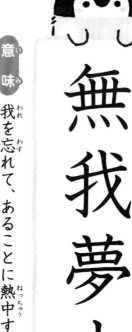

竜《りゅう》頭《とう》蛇《だ》尾《び》

意《い》味《み》

初《はじ》めは勢《いきお》いがよいが、終《お》わりのころはふるわなくなるようす。

メモ

頭《あたま》は竜《りゅう》のように立派《りっぱ》なのに、しっぽは蛇《へび》のように細《ほそ》いことから。＊80ページも見《み》てね。

使《つか》い方《かた》

今年《ことし》のダンスパーティーは**竜頭蛇尾**《りゅうとうだび》にならないように、最後《さいご》まで盛《も》り上《あ》がるといいですね！

そうだね～！

ようこそ～！
きみを待《ま》ってたよ！

行《こう》動《どう》に関《かん》する四《よ》字《じ》熟《じゅく》語《ご》

こんなにたくさん
あるの？
すご〜い！

実《じっ》行《こう》

汚《お》名《めい》返《へん》上《じょう》

本《ほん》人《にん》を傷《きず》つける悪《わる》い評判《ひょうばん》を取《と》り除《のぞ》くこと。

緩《かん》急《きゅう》自《じ》在《ざい》

思《おも》いどおりに速《はや》くしたり遅《おそ》くしたりすること。

疾《しっ》風《ぷう》怒《ど》濤《とう》

ものごとのようすが激《はげ》しく、大《おお》きく変《か》わること。

遮《しゃ》二《に》無《む》二《に》

なりふりかまわず、ものごとをするようす。

一《いち》目《もく》瞭《りょう》然《ぜん》

一《ひと》目《め》見《み》ただけで、はっきりとわかるようす。

＊ 149 ページも見《み》てね。

一《いち》蓮《れん》托《たく》生《しょう》

最《さい》後《ご》まで人《ひと》と行《こう》動《どう》や運《うん》命《めい》を共《とも》にすること。

一《いっ》挙《きょ》一《いち》動《どう》

細《こま》かい一《ひと》つ一《ひと》つの動《どう》作《さ》。

応《おう》急《きゅう》措《そ》置《ち》

急《いそ》いでいるときの間《ま》に合《あ》わせで行《おこな》う、病気《びょうき》やけがの手《て》当《あ》て。

即断即決《そくだんそっけつ》

その場《ば》ですぐに決《き》めること。

南船北馬《なんせんほくば》

各地《かくち》を忙《いそが》しくかけ回《まわ》ること。

八面六臂《はちめんろっぴ》

一人《ひとり》で何人分《なんにんぶん》もの仕事《しごと》を、立派《りっぱ》にやりこなすこと。

縦横無尽《じゅうおうむじん》

自分《じぶん》の思《おも》うとおりに行《おこな》うこと。思《おも》う存分《ぞんぶん》。

神出鬼没《しんしゅつきぼつ》

自由自在《じゆうじざい》に現《あらわ》れたり消《き》えたりして、どこにいるかわからないこと。

先手必勝《せんてひっしょう》

人《ひと》より先《さき》に行《おこな》えば、相手《あいて》をおさえて優位《ゆうい》な立場《たちば》に立《た》てること。

羊頭狗肉《ようとうくにく》

外見《がいけん》だけは立派《りっぱ》だが、中身《なかみ》はおとっていること。

有言実行《ゆうげんじっこう》

ことばにしたことを、きちんと実行《じっこう》すること。

＊ 48 ページも見《み》てね。

勇猛果敢《ゆうもうかかん》

勇気《ゆうき》があってひるまず、思《おも》い切《き》りよく実行《じっこう》すること。

努力《どりょく》

自助努力《じじょどりょく》

ほかをたよらず、自分《じぶん》の力《ちから》でものごとを成《な》しとげようとすること。

全力投球《ぜんりょくとうきゅう》

すべての力《ちから》を出《だ》して、ものごとを行《おこな》うこと。

＊ 122 ページも見《み》てね。

一生懸命《いっしょうけんめい》

命《いのち》がけでものごとをするようす。一所懸命《いっしょけんめい》ということもある。

艱難辛苦《かんなんしんく》

困難《こんなん》なことにあって、なやみ苦《くる》しむこと。

3章《しょう》

状《じょう》況《きょう》に関《かん》する四《よ》字《じ》熟《じゅく》語《ご》

▲69ページ「十人《じゅうにん》十《と》色《いろ》」より

悪《あく》戦《せん》苦《く》闘《とう》

意味《いみ》

苦《くる》しい状況《じょうきょう》の中《なか》で、必死《ひっし》に努力《どりょく》すること。

メモ

「悪戦《あくせん》」は強《つよ》い相手《あいて》に苦《くる》しみながら戦《たたか》うこと、「苦闘《くとう》」は苦《くる》しい戦《たたか》いをすること。同《おな》じような意味《いみ》のことばを並《なら》べて、意味《いみ》を強《つよ》めているよ。

使《つか》い方《かた》

本《ほん》を読《よ》んで、えら～い！

シロクマさんに借《か》りた本《ほん》は難《むずか》しくて、**悪戦苦闘《あくせんくとう》**しているぜ。

一《いっ》刻《こく》千《せん》金《きん》

意《い》味《み》

わずかなひとときが、とても値打《ねう》ちがあるということ。

メモ

「一刻《いっこく》」はとても短《みじか》い時間《じかん》のこと、「千金《せんきん》」はたくさんのお金《かね》のこと。

使《つか》い方《かた》

夕焼《ゆうや》けを見《み》たの？　すご～い！

西《にし》の空《そら》がオレンジ色《いろ》に染《そ》まって見《み》えるのは、**一刻千金《いっこくせんきん》**の美《うつく》しさですね。

一《いっ》触《しょく》即《そく》発《はつ》

意味《いみ》

ちょっとしたことがきっかけで、何《なに》か大《おお》きな事件《じけん》が起《お》こりそうなようす。

メモ

「一触《いっしょく》」はちょっと触《ふ》れること、「即発《そくはつ》」はすぐにばく発《はつ》すること。

使《つか》い方《かた》

二《に》ひきの野良《のら》ねこが、今《いま》にもおたがいに飛《と》びかかりそうだったんだぜ。

まさに**一触即発**《いっしょくそくはつ》の状態《じょうたい》だね。危《あぶ》ないから、近寄《ちかよ》らないようにね。

じ〜〜
危《あぶ》ないから
きみも
ここへおいで〜！

一《いっ》石《せき》二《に》鳥《ちょう》

意味《いみ》

一《ひと》つのことをして、同時《どうじ》に二《ふた》つの利益《りえき》を得《え》ること。

メモ

一《ひと》つの石《いし》を投《な》げて、二羽《にわ》の鳥《とり》を打《う》ち落《お》とすというイギリスのことわざから。

使《つか》い方《かた》

早起《はやお》きすると気持《きも》ちがいいし、朝《あさ》ご飯《はん》もおいしいね〜！

まさに**一石二鳥《いっせきにちょう》**だな。

危《き》機《き》一《いっ》髪《ぱつ》

意味《いみ》

一《ひと》つまちがえれば大変《たいへん》なことになる、とても危険《きけん》な状態《じょうたい》。

メモ

髪《かみ》の毛《け》一本《いっぽん》ほどのわずかな差《さ》のところに危機《きき》がせまっているということから。「一発《いっぱつ》」と書《か》くのはまちがいだよ。

使《つか》い方《かた》

横断歩道《おうだんほどう》の前《まえ》で止《と》まって、えらい！

すごい速《はや》さの車《くるま》が目《め》の前《まえ》を通《とお》り過《す》ぎて行《い》ったんだ。本当《ほんとう》に**危機一髪《ききいっぱつ》**だったぜ。

左右《さゆう》をよく見《み》てわたったの？えらい！

起《き》死《し》回《かい》生《せい》

意《い》味《み》 だめになりそうなものを立《た》ち直《なお》らせること。

メモ 「起《き》死《し》」も「回生《かいせい》」も死《し》にかけている人《ひと》を生《い》き返《かえ》らせること。

使《つか》い方《かた》

逆転優勝《ぎゃくてんゆうしょう》したの？ すご〜い！

終了一秒前《しゅうりょういちびょうまえ》、**起《き》死《し》回《かい》生《せい》**の面《めん》を決《き》めたのだ！

奇《き》想《そう》天《てん》外《がい》

意《い》味《み》

ふつうでは思《おも》いもつかないような、変《か》わった考《かんが》え。

メモ

「奇《き》想《そう》、天《てん》外《がい》より落《お》つ」が省略《しょうりゃく》されたもの。変《か》わった考《かんが》えは、空《そら》のかなたから落《お》ちてくるという意《い》味《み》。

使《つか》い方《かた》

みんなで月《つき》へ日《ひ》帰《がえ》り旅《りょ》行《こう》するの？ すご〜い！

今《いま》は**奇《き》想《そう》天《てん》外《がい》**と思《おも》えることも、未《み》来《らい》ではふつうになっているかもしれないね。

急《きゅう》転《てん》直《ちょっ》下《か》

意《い》味《み》

ものごとのようすが急《きゅう》に変《か》わり、解決《かいけつ》に向《む》かうこと。

メモ

「急転《きゅうてん》」はものごとのようすが急《きゅう》に転《てん》ずること、「直下《ちょっか》」は一直線《いっちょくせん》に下《くだ》ること。

使《つか》い方《かた》

さっきまで、魚《さかな》がつれていないようでしたが……。

潮《しお》の流《なが》れが変《か》わったせいか、**急転直下《きゅうてんちょっか》**、どんどんつれてきたぜ。

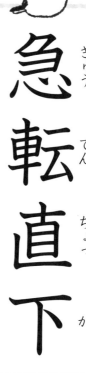

玉《ぎょく》石《せき》混《こん》交《こう》

意味《いみ》

よいものと悪《わる》いものとが、入《い》り混《ま》じっているようす。

メモ

「玉石《ぎょくせき》」は宝石《ほうせき》と石《いし》ころのこと、「混交《こんこう》」は入《い》り混《ま》じっていること。

使《つか》い方《かた》

海《うみ》で貝《かい》がらをたくさん拾《ひろ》ったの？

玉石混交《ぎょくせきこんこう》できれいなものは少《すく》なかったが、みんなといっしょに拾《ひろ》って楽《たの》しかったぞ。

見《み》て見《み》てー！
貝《かい》がら見《み》つけたよー！

荒《こう》唐《とう》無《む》稽《けい》

意味《いみ》

でたらめで、とりとめがないこと。

メモ

「荒唐《こうとう》」も「無稽《むけい》」もでたらめなこと。同《おな》じような意味《いみ》のことばを並《なら》べて、意味《いみ》を強《つよ》めているよ。

使《つか》い方《かた》

飛行機《ひこうき》に乗《の》ったの？　すご〜い！

重《おも》いものが空《そら》を飛《と》ぶなんて**荒唐無稽《こうとうむけい》**な夢物語《ゆめものがたり》だと、昔《むかし》は思《おも》われていたんだよ。

呉《ご》越《えつ》同《どう》舟《しゅう》

意《い》味《み》

仲《なか》の悪《わる》い者《もの》や敵《てき》どうしがいっしょにいたり、力《ちから》を合《あ》わせたりすること。

メモ

中国《ちゅうごく》の故事《こじ》から生《う》まれたことば。「呉《ご》」と「越《えつ》」は、昔《むかし》、中国《ちゅうごく》にあった国《くに》の名前《なまえ》だよ。

使《つか》い方《かた》

ライバルと同《おな》じバスに乗《の》り合《あ》わせてしまった。(緊張《きんちょう》した～!)

まさに**呉越同舟**《ごえつどうしゅう》だったわけですね。

五里霧中《ごりむちゅう》

意味《いみ》

見通《みとお》しが立《た》たず、どうしたらよいかわからないこと。

メモ

「五里霧《ごりむ》」とは深《ふか》い霧《きり》のこと。その中《なか》にいると何《なに》もわからないということから。「夢中《むちゅう》」と書《か》くのはまちがいだよ。

使《つか》い方《かた》

いつ飛《と》べるようになるかもわからず、私《わたし》の未来《みらい》は**五里霧中《ごりむちゅう》**ですが、がんばります。

あきらめなくて、えら～い！

四《し》面《めん》楚《そ》歌《か》

意《い》味《み》

周《まわ》りは敵《てき》や反対《はんたい》する人《ひと》ばかりで、味方《みかた》が一人《ひとり》もいないこと。

メモ

中国《ちゅうごく》の故事《こじ》から生《う》まれたことばだよ。「楚《そ》」は昔《むかし》、中国《ちゅうごく》にあった国《くに》のことだよ。

使《つか》い方《かた》

おやつにバナナを食《た》べたい人《ひと》？

は～い！

我《われ》だけちがう。**四面楚歌《しめんそか》**だ～！

ププ
我《われ》はすいかが食《た》べたかったのだ

十《じゅう》人《にん》十《と》色《いろ》

意《い》味《み》

好《この》みや考《かんが》え、性格《せいかく》などは、人《ひと》それぞれ異《こと》なるということ。

メモ

人間《にんげん》は十人《じゅうにん》いれば十人《じゅうにん》ともちがっているということから。

使《つか》い方《かた》

夏休《なつやす》みにやりたいことが、みんなバラバラだ！

十人《じゅうにん》十色《といろ》といいますからね。

絶《ぜっ》体《たい》絶《ぜつ》命《めい》

意味《いみ》

追《お》いつめられて、どうすることもできないこと。

メモ

体《からだ》も命《いのち》も絶《た》えるほどの危険《きけん》な状態《じょうたい》ということから。「絶体《ぜったい》」を「絶対《ぜったい》」と書《か》くのは、まちがいだよ。

使《つか》い方《かた》

映画《えいが》を見《み》たの？　いいなあ〜！

絶体絶命《ぜったいぜつめい》のピンチを次々《つぎつぎ》に乗《の》りこえる、ヒーローのお話《はなし》だったのだ。

どんなピンチからもきみを守《まも》るよ！
コウペンちゃんガード！

千《せん》載《ざい》一《いち》遇《ぐう》

意味《いみ》 めったにない、よい機会《きかい》。

メモ 「千載《せんざい》」は千年《せんねん》、「一遇《いちぐう》」は一度《いちど》出会《であ》うこと。

使い方《つかいかた》

流《なが》れ星《ぼし》を見《み》たの？　すご～い！

昨夜《さくや》は、**千載一遇《せんざいいちぐう》**の天体《てんたい》ショーだったんだよ。

前《ぜん》人《じん》未《み》到《とう》

意味《いみ》

今《いま》までにだれも成《な》しとげていないこと。また、だれも行《い》ったことがない所《ところ》。

メモ

「前人《ぜんじん》」は今《いま》までの人《ひと》、「未到《みとう》」はだれもそこにたどり着《つ》いていないこと。「未到《みとう》」は「未踏《みとう》」とも書《か》くよ。

使《つか》い方《かた》

こま回《まわ》ししてるの？　楽《たの》しそう～！

前人未到《ぜんじんみとう》の記録《きろく》を達成《たっせい》するまでがんばるぞ！

前《ぜん》代《だい》未《み》聞《もん》

意味《いみ》

今《いま》までに聞《き》いたことがないような、めずらしく変《か》わったこと。

メモ

「前代《ぜんだい》」は今《いま》より前《まえ》の時代《じだい》、「未聞《みもん》」はまだ聞《き》いたことがないということ。

使《つか》い方《かた》

アデリーさんのとうもろこし、屋根《やね》より上《うえ》までのびたよ！

こんなに大《おお》きくなるなんて、**前代未聞《ぜんだいみもん》**ですね！

ククク…貴様《きさま》やるな…
成長《せいちょう》してすごーい！

千《せん》変《ぺん》万《ばん》化《か》

意《い》味《み》

ものごとがさまざまに変化《へんか》すること。

メモ

千《せん》にも万《まん》にもなるほどの、たくさんの変化《へんか》が起《お》こるということから。「万化《ばんか》」を「まんか」と読《よ》むのはまちがいだよ。

使《つか》い方《かた》

何《なに》をしてるの？

空《そら》を見《み》ているんだよ。**千《せん》変《ぺん》万《ばん》化《か》**する雲《くも》を見《み》ていると、あきることがないんだよ。

大《だい》同《どう》小《しょう》異《い》

意《い》味《み》

似《に》たり寄《よ》ったりで、大《おお》きなちがいがないこと。

メモ

「大《だい》同《どう》」はだいたい同《おな》じであること、「小《しょう》異《い》」はたいしたちがいがないこと。

使《つか》い方《かた》

どのはなまるがいちばん、かっこいい？

大《だい》同《どう》小《しょう》異《い》といいますか、すべてかっこいいですよ。

いろんな
はなまるだ
なあ

状況《じょうきょう》に関《かん》する四字熟語《よじじゅくご》

こんなにたくさん
あるの？
すご〜い！

関係《かんけい》

恒久平和《こうきゅうへいわ》

戦争《せんそう》や紛争《ふんそう》がない平和《へいわ》な状態《じょうたい》が永久《えいきゅう》に続《つづ》くこと。

三三五五《さんさんごご》

あちらに三人《さんにん》、こちらに五人《ごにん》と、人々《ひとびと》が集《あつ》まったり、散《ち》らばったりするようす。ものが散《ち》らばっているようすにも使《つか》う。

相互利用《そうごりよう》

お互《たが》いに利用《りよう》し合《あ》うこと。

因果関係《いんがかんけい》

ある原因《げんいん》から、ある結果《けっか》が生《う》まれるという関係《かんけい》があること。

永世中立《えいせいちゅうりつ》

いかなる戦争《せんそう》にも関係《かんけい》しないで、中立《ちゅうりつ》の立場《たちば》を守《まも》り続《つづ》けること。

共存共栄《きょうそんきょうえい》

共《とも》に生《い》き、共《とも》に栄《さか》えること。

群雄割拠《ぐんゆうかっきょ》

たくさんの英雄《えいゆう》や実力者《じつりょくしゃ》たちが、勢力《せいりょく》をのばそうとして、対抗《たいこう》し合《あ》うこと。

難《なん》攻《こう》不《ふ》落《らく》

①攻《せ》めるのが難《むずか》しく、なかなか攻《せ》め落《お》とせないこと。②相手《あいて》がなかなか承知《しょうち》してくれないこと。

二《に》律《りつ》背《はい》反《はん》

つじつまが合《あ》わない二《ふた》つの考《かんが》えを、両方《りょうほう》とも同時《どうじ》に生《い》かすことができないこと。

相《そう》乗《じょう》効《こう》果《か》

二《ふた》つ以上《いじょう》の力《ちから》が同時《どうじ》に働《はたら》いて、元《もと》の力《ちから》以上《いじょう》の結果《けっか》をもたらすこと。

天《てん》下《か》泰《たい》平《へい》

世《よ》の中《なか》が平和《へいわ》で、おだやかなこと。

変化《へんか》・ちがい

紆《う》余《よ》曲《きょく》折《せつ》

事情《じじょう》がこみ入《い》っているようす。

君《くん》子《し》豹《ひょう》変《へん》

意見《いけん》や態度《たいど》を急《きゅう》に変《か》えること。
＊80ページも見《み》てね。

一《いっ》切《さい》合《がっ》切《さい》

残《のこ》らずすべて。何《なに》もかも。

一《いっ》進《しん》一《いっ》退《たい》

状態《じょうたい》などがよくなったり、悪《わる》くなったりすること。

表裏一体《ひょうりいったい》

二《ふた》つのものごとの関係《かんけい》が密接《みっせつ》で、切《き》りはなせない状態《じょうたい》であること。

平平凡凡《へいへいぼんぼん》

とてもありふれていること。

変幻自在《へんげんじざい》

思《おも》いのまま現《あらわ》れたり消《き》えたり、形《かたち》を変《か》えたりできること。

三者三様《さんしゃさんよう》

三人《さんにん》いれば、それぞれがちがっていること。

新陳代謝《しんちんたいしゃ》

古《ふる》いものがなくなって、新《あたら》しいものに入《い》れ替《か》わること。

二転三転《にてんさんてん》

発言《はつげん》や態度《たいど》などが、次《つぎ》から次《つぎ》へと変《か》わること。

いろいろな場面《ばめん》

一挙両得《いっきょりょうとく》

一《ひと》つのことをして、二《ふた》つの利益《りえき》を手《て》に入《い》れること。

一攫千金《いっかくせんきん》

一度《いちど》にたやすく、大金《たいきん》をもうけること。

内憂外患《ないゆうがいかん》

国《くに》の内外《ないがい》に心配事《しんぱいごと》が多《おお》いこと。

満身創痍《まんしんそうい》

①体中《からだじゅう》が傷《きず》だらけであること。
②非難《ひなん》されて、精神的《せいしんてき》に痛《いた》めつけられること。

九死一生《きゅうしいっしょう》

ほとんど助《たす》かる見《み》こみがないところから、やっとのことで命《いのち》が助《たす》かること。

旧態依然《きゅうたいいぜん》

昔《むかし》のまま、少《すこ》しも変《か》わらないようす。

好機到来《こうきとうらい》

またとないよい機会《きかい》がやって来《く》ること。

驚《おどろ》き

不可思議《ふかしぎ》

常識《じょうしき》では考《かんが》えられないこと。あやしいこと。

空前絶後《くうぜんぜつご》

今《いま》までにも、これからにもないような、とてもまれなこと。

人跡未踏《じんせきみとう》

だれもまだ踏《ふ》み入《い》ったことがないこと。

コラム

生《い》き物《もの》の四《よ》字《じ》熟《じゅく》語《ご》

からす（烏）

烏《う》合《ごう》之《の》衆《しゅう》

まとまりもなく、ただ集《あつ》まっているようす。

はと（鳩）

鳩《きゅう》首《しゅ》協《きょう》議《ぎ》

額《ひたい》を寄《よ》せ合《あ》いながら、相談《そうだん》すること。

すずめ（雀）

欣《きん》喜《き》雀《じゃく》躍《やく》

とびはねて大喜《おおよろこ》びすること。

にわとり（鶏）　うし（牛）

鶏《けい》口《こう》牛《ぎゅう》後《ご》

大《おお》きな集団《しゅうだん》のリーダーに従《したが》うより、小《ちい》さな集団《しゅうだん》のリーダーになるほうがよい。

いぬ（犬）　さる（猿）

犬《けん》猿《えん》之《の》仲《なか》

仲《なか》の悪《わる》いたとえ。

うま（馬）

馬《ば》耳《じ》東《とう》風《ふう》

人《ひと》の意見《いけん》や忠告《ちゅうこく》などを聞《き》き流《なが》すこと。

＊93ページと１４９ページも見《み》てね。

きつね（狐）　たぬき（狸）

狐《こ》狸《り》妖《よう》怪《かい》

人《ひと》をだます、怪《あや》しげな生《い》き物《もの》のこと。

ひょう（豹）

君《くん》子《し》豹《ひょう》変《へん》

意見《いけん》や態度《たいど》を急《きゅう》に変《か》えること。

＊77ページも見《み》てね。

ほたる（蛍）

蛍《けい》雪《せつ》之《の》功《こう》

苦労《くろう》して勉学《べんがく》にはげみ、成果《せいか》を上《あ》げること。

りゅう（竜）　へび（蛇）

竜《りゅう》頭《とう》蛇《だ》尾《び》

初《はじ》めは勢《いきお》いがよいが、終《お》わりのころはふるわなくなるようす。

＊51ページも見《み》てね。

4章《しょう》

態度《たいど》に関《かん》する四字熟語《よじじゅくご》

▲96ページ「本末転倒《ほんまつてんとう》」より

快《かい》刀《とう》乱《らん》麻《ま》

意《い》味《み》

こじれて難《むずか》しくなったものごとを手際《てぎわ》よく処理《しょり》すること。

メモ

「快刀《かいとう》」はするどい刀《かたな》、「乱麻《らんま》」はもつれた麻糸《あさいと》。「快刀乱麻《かいとうらんま》を断《た》つ」の形《かたち》で使《つか》うことがあるよ。

使《つか》い方《かた》

この邪《よこシマ》エナガ、**快刀乱麻**《かいとうらんま》の早業《はやわざ》ですべての問題《もんだい》を解決《かいけつ》してみせよう！

すご～い！

言《げん》行《こう》一《いっ》致《ち》

意《い》味《み》

言《い》うことと行《おこな》うことがまったく同《おな》じであること。

メモ

「言行《げんこう》」はことばと行動《こうどう》のこと。

使《つか》い方《かた》

目標《もくひょう》のとおり、毎日《まいにち》、早寝《はやね》早起《はやお》きしているの？　えら〜い！

言行一致《げんこういっち》しているな！　応《おう》えんしているぞ！

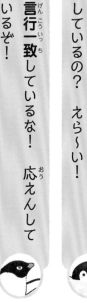

言語道断《ごんごどうだん》

意味《いみ》

ことばにならないほど、あまりにもひどいこと。

メモ

「言語《ごんご》」はことば、「道断《どうだん》」は方法《ほうほう》が絶《た》たれるということ。「言語《ごんご》」を「げんご」と読《よ》むのはまちがいだよ。

使《つか》い方《かた》

電車《でんしゃ》の中《なか》でお年寄《としよ》りに席《せき》をゆずったの？　えら〜い！

ねたふりするなんて、**言語道断《ごんごどうだん》**なんだよ。

自《じ》画《が》自《じ》賛《さん》

意味《いみ》

自分《じぶん》で自分《じぶん》のことをほめること。

メモ

「賛《さん》」とは絵《え》や書《しょ》にそえる詩《し》や文《ぶん》のこと。本来《ほんらい》、他人《たにん》に書《か》いてもらうが、自分《じぶん》のかいた絵《え》（「自画《じが》」）に自分《じぶん》で書《か》くことから。

使《つか》い方《かた》

ぼくのハロウィンの衣装《いしょう》、作《つく》ってくれたの？　ありがと～！

自画自賛《じがじさん》ではずかしいが、かなりうまくできたぜ！

終《しゅう》始《し》一《いっ》貫《かん》

意《い》味《み》

最初《さいしょ》から最後《さいご》まで、考《かんが》えや態度《たいど》を変《か》えないこと。

メモ

「終始《しゅうし》」は始《はじ》まりから終《お》わりまで、「一貫《いっかん》」は一《ひと》つのことを貫《つらぬ》き通《とお》すこと。

使《つか》い方《かた》

とうもろこしの次《つぎ》はトマトだ。さっそく種《たね》を買《か》いに行《い》くぞ！

思《おも》い立《た》ったら即行動《そくこうどう》するところは、**終始一貫《しゅうしいっかん》**しているね。

おのれを信《しん》じるのみ！

初《しょ》志《し》貫《かん》徹《てつ》

意《い》味《み》

初《はじ》めに心《こころ》に決《き》めたことを最後《さいご》まで貫《つらぬ》き通《とお》すこと。

メモ

「初志《しょし》」は思《おも》い立《た》ったときの最初《さいしょ》の気持《きも》ち、「貫《かん》徹《てつ》」は貫《つらぬ》き通《とお》すこと。

使《つか》い方《かた》

子《こ》どものころの夢《ゆめ》を実現《じつげん》させて、お医者《いしゃ》さんになったの？　えら〜い！

まさに**初志貫徹《しょしかんてつ》**ですね。

支《し》離《り》滅《めつ》裂《れつ》

意味《いみ》

ばらばらでまとまりがなく、筋《すじ》が通《とお》っていないようす。

メモ

「支離《しり》」も「滅裂《めつれつ》」もばらばらになるということ。同《おな》じような意味《いみ》のことばを並《なら》べて、意味《いみ》を強《つよ》めているよ。

使《つか》い方《かた》

イライラしてると、こんがらがっちゃうよね〜？

そういうときは**支離滅裂**《しりめつれつ》なことを言《い》いかねないから、少《すこ》し落《お》ち着《つ》こうぜ。

いったん
お預《あず》かりだよ〜
イライラ

誠《せい》心《しん》誠《せい》意《い》

意《い》味《み》

真心《まごころ》をこめて、ものごとを行《おこな》うようす。

メモ

「誠心《せいしん》」も「誠意《せいい》」も真心《まごころ》という意味《いみ》。同《おな》じような意味《いみ》のことばを並《なら》べて、意味《いみ》を強《つよ》めているよ。

使《つか》い方《かた》

こっちの事情《じじょう》をわかってくれて、ありがとよ！

誠心誠意《せいしんせいい》説明《せつめい》すれば、気持《きも》ちは必《かなら》ず相手《あいて》に伝《つた》わるものなんだよ。

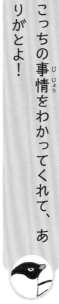

大《だい》胆《たん》不《ふ》敵《てき》

意《い》味《み》

度胸《どきょう》があって、どんなこともおそれないようす。

メモ

「大胆《だいたん》」は度胸《どきょう》があること、「不敵《ふてき》」は敵《てき》を敵《てき》とも思《おも》わないこと。

使《つか》い方《かた》

無礼者《ぶれいもの》！　我《われ》に向《む》かってくるとは**大《だい》胆《たん》不《ふ》敵《てき》**なヤツめ！

それは、邪《よこシマ》エナガさんのかげなんだよ。

ふみつぶしてくれるわ！
あいつ
何《なに》やってんだ…

朝《ちょう》令《れい》暮《ぼ》改《かい》

意味《いみ》

決《き》まりごとや命令《めいれい》がすぐに変《か》わって、定《さだ》まらないこと。

メモ

朝出《あさだ》した命令《めいれい》を夕方《ゆうがた》には改《あらた》めるということから。

使《つか》い方《かた》

今夜《こんや》はシチューにするぞ。

朝《あさ》はカレーと言《い》っていたから、もう買《か》い物《もの》に行《い》ったのに。**朝令暮改《ちょうれいぼかい》**だ！

シチューもカレーも具《ぐ》はほぼ同《おな》じだからどちらでも大丈夫《だいじょうぶ》なんだよ
そうなんだ～

独《どく》立《りつ》独《どっ》歩《ぽ》

意味《いみ》

だれにもたよらず、自分《じぶん》の力《ちから》で自分《じぶん》の信《しん》じる道《みち》を進《すす》むこと。

メモ

「独立《どくりつ》」は独《ひと》り立《だ》ちすること、「独歩《どっぽ》」は一人《ひとり》で歩《ある》くこと。

使《つか》い方《かた》

世界《せかい》を手中《しゅちゅう》に収《おさ》めるまでは、**独立独歩《どくりつどっぽ》**の精神《せいしん》で、がんばるぞ！

えら～い！

なんでも
自分《じぶん》でやって
えら～い！

馬《ば》耳《じ》東《とう》風《ふう》

意味《いみ》 人《ひと》の意見《いけん》や忠告《ちゅうこく》などを聞《き》き流《なが》すこと。

メモ 「東風《とうふう》（心地《ここち》よい春風《はるかぜ》）」がふいても、馬《うま》は何《なに》も感《かん》じていないということから。ことわざでは、「馬《うま》の耳《みみ》に念仏《ねんぶつ》」というよ。＊80ページと149ページも見《み》てね。

使《つか》い方《かた》

邪《よこシマ》エナガちゃんがお返事《へんじ》してくれない……。

ヘッドホンをつけて、歌《うた》を聞《き》いているんだよ。**馬耳東風《ばじとうふう》**じゃないんだよ。

よこしま
サンバ〜
ぼくにも
聞《き》かせて〜！

付《ふ》和《わ》雷《らい》同《どう》

意味《いみ》

自分《じぶん》にしっかりした考《かんが》えがなく、簡単《かんたん》に他人《たにん》の考《かんが》えに賛成《さんせい》すること。

メモ

「付和《ふわ》」はすぐ他人《たにん》の意見《いけん》に従《したが》うこと。「雷同《らいどう》」は雷《かみなり》が鳴《な》るとそれに合《あ》わせてひびくことから、他人《たにん》にすぐに同調《どうちょう》するという意味《いみ》。

使《つか》い方《かた》

自分《じぶん》の意見《いけん》をちゃんと言《い》ったの？えら～い！

話《はな》し合《あ》いをしているときに**付和雷同**《ふわらいどう》は困《こま》るからね。

今日《きょう》は花見《はなみ》と団子《だんご》だな
さんせーい！

傍《ぼう》若《じゃく》無《ぶ》人《じん》

意味《いみ》

あたりに人《ひと》がいないかのように、勝手気《かってき》ままにふるまうこと。また、そのようす。

メモ

元《もと》は「傍《かたわ》らに人無《ひとな》きが若《ごと》し」ということば。

使《つか》い方《かた》

バスの中《なか》で、けい帯電話《たいでんわ》をマナーモードにしてえらい！

乗《の》り物《もの》に乗《の》って、けい帯電話《たいでんわ》で大声《おおごえ》で話《はな》すような**傍若無人**《ぼうじゃくぶじん》なふるまいはやめようぜ。

ルールをしっかり守《まも》って
えらい！

本《ほん》末《まつ》転《てん》倒《とう》

意《い》味《み》

ものごとの大事《だいじ》なことと、そうでないことが反対《はんたい》になること。

メモ

「本末《ほんまつ》」は大事《だいじ》なこととささいなこと、「転倒《てんとう》」は逆《さか》さまになること。

使《つか》い方《かた》

部屋《へや》をきれいにしようと思《おも》って、そうじ道具《どうぐ》をそろえたら、部屋《へや》がいっぱいになってしまいました！

それでは、**本《ほん》末《まつ》転《てん》倒《とう》**なんだよ。

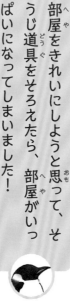

臨《りん》機《き》応《おう》変《へん》

意《い》味《み》

その場《ば》の状況《じょうきょう》に応《おう》じて、適切《てきせつ》に行動《こうどう》すること。

メモ

中国《ちゅうごく》の昔《むかし》の本《ほん》にあることば「機《き》に臨《のぞ》みて変《へん》に応《おう》ず」から。

使《つか》い方《かた》

ダンベルが見《み》当《あ》たらないので、ペットボトルで筋《きん》トレします。

臨機応変《りんきおうへん》の対応《たいおう》だな！　でも、無理《むり》すんなよ。

我《われ》ながら
いいアイデアです！
きたえて
えら～い！

冷《れい》静《せい》沈《ちん》着《ちゃく》

意《い》味《み》

何事《なにごと》にも動《どう》じないで、落《お》ち着《つ》いていること。

メモ

「冷静《れいせい》」も「沈着《ちんちゃく》」も落《お》ち着《つ》いていること。同《おな》じような意味《いみ》のことばを並《なら》べて、意味《いみ》を強《つよ》めているよ。＊122ページも見《み》てね。

使《つか》い方《かた》

電車《でんしゃ》がとつぜんストップしても、あわてなかったの？　えら〜い！

どんなときも、**冷《れい》静《せい》沈《ちん》着《ちゃく》**でいることが大事《だいじ》なんだよ。

態度《たいど》に関《かん》する四字熟語《よじじゅくご》

こんなにたくさん
あるの？
すご〜い！

生《い》き方《かた》・心《こころ》

後生大事《ごしょうだいじ》

とても大切《たいせつ》にすること。

懇切丁寧《こんせつていねい》

細《こま》かいところまで気《き》を配《くば》り、親切《しんせつ》にするようす。

七転八起《しちてんはっき》

何回失敗《なんかいしっぱい》しても、くじけずがんばること。

真剣勝負《しんけんしょうぶ》

ものごとに本気《ほんき》で立《た》ち向《む》かうこと。
＊ 122 ページも見《み》てね。

意志薄弱《いしはくじゃく》

あることをやりとげようという気持《きも》ちが弱《よわ》いようす。

一日一善《いちにちいちぜん》

一日《いちにち》に一《ひと》つ、善《よ》いことをすること。

威風堂堂《いふうどうどう》

態度《たいど》や姿《すがた》に威厳《いげん》があって、立派《りっぱ》なようす。

生真面目《きまじめ》

とても真面目《まじめ》なこと。

明《めい》鏡《きょう》止《し》水《すい》

心《こころ》が静《しず》かで、すみ切《き》っていること。

名《めい》誉《よ》挽《ばん》回《かい》

一度《いちど》失《うしな》った信用《しんよう》を取《と》りもどすこと。

余《よ》裕《ゆう》綽《しゃく》綽《しゃく》

心《こころ》にゆとりがあって、落《お》ち着《つ》いていること。

正《せい》正《せい》堂《どう》堂《どう》

態度《たいど》や行動《こうどう》が正《ただ》しく、立派《りっぱ》であること。

＊ 122 ページも見《み》てね。

全《ぜん》身《しん》全《ぜん》霊《れい》

体《からだ》と心《こころ》のすべての力《ちから》。

＊ 122 ページも見《み》てね。

泰《たい》然《ぜん》自《じ》若《じゃく》

何《なに》があっても、あわてず落《お》ち着《つ》いていること。

徹《てっ》頭《とう》徹《てつ》尾《び》

最初《さいしょ》から最後《さいご》まで貫《つらぬ》き通《とお》すこと。

平《へい》身《しん》低《てい》頭《とう》

ひたすら謝《あやま》ること。

よくない生《い》き方《かた》

不《ふ》平《へい》不《ふ》満《まん》

気《き》に入《い》らないことがあって、おもしろくないこと。

無《ぶ》礼《れい》千《せん》万《ばん》

これ以上《いじょう》ないくらい礼《れい》ぎに外《はず》れていること。

三《みっ》日《か》坊《ぼう》主《ず》

あきやすく、長続《ながつづ》きしないこと。

唯《ゆい》我《が》独《どく》尊《そん》

世《よ》の中《なか》で自分《じぶん》がいちばんえらいとうぬぼれること。

乱《らん》暴《ぼう》狼《ろう》藉《ぜき》

人《ひと》の道《みち》に外《はず》れた、あらあらしいふるまいのこと。

一《いち》言《げん》居《こ》士《じ》

どんなことにも、一言《ひとこと》言《い》わないと気《き》がすまない人《ひと》。

依《え》怙《こ》贔《ひい》屓《き》

自分《じぶん》が気《き》に入《い》っている人《ひと》だけをかわいがったり、世話《せわ》をしたりすること。

勝《かっ》手《て》気《き》儘《まま》

自分《じぶん》がやりたいようにふるまうこと。

厚《こう》顔《がん》無《む》恥《ち》

ずうずうしくて、恥知《はじし》らずなこと。

極《ごく》悪《あく》非《ひ》道《どう》

この上《うえ》なく悪《わる》く、人《ひと》の道《みち》に反《はん》していること。

判断《はんだん》・思考《しこう》

試行錯誤《しこうさくご》

いろいろと試《こころ》みて、失敗《しっぱい》をくり返《かえ》しながら、次第《しだい》に目標《もくひょう》に近《ちか》づいていくこと。

時代錯誤《じだいさくご》

時代《じだい》を取《と》りちがえること。特《とく》に、考《かんが》えなどが時代《じだい》に合《あ》わないこと。

杓子定規《しゃくしじょうぎ》

すべてのものごとを一《ひと》つの形式《けいしき》や基準《きじゅん》に当《あ》てはめようとして、応用《おうよう》がきかないこと。

一刀両断《いっとうりょうだん》

ものごとを思《おも》い切《き》りよく処理《しょり》すること。

公平無私《こうへいむし》

どちらにも片寄《かたよ》らないで、自分《じぶん》の利益《りえき》や感情《かんじょう》も考《かんが》えないこと。

公明正大《こうめいせいだい》

公平《こうへい》でかくし事《ごと》がなく、正《ただ》しく堂々《どうどう》としていること。

二《に》者《しゃ》択《たく》一《いつ》

二《ふた》つのうちの一《ひと》つを選《えら》ぶこと。

判《ほう》官《がん》贔《び》屓《いき》

弱《よわ》い立《たち》場《ば》の人《ひと》や不《ふ》運《うん》な人《ひと》に、同《どう》情《じょう》したり、応《おう》えんしたりすること。

優《ゆう》柔《じゅう》不《ふ》断《だん》

ぐずぐずして、はっきり決《き》められないようす。

理《り》路《ろ》整《せい》然《ぜん》

ものごとや話《はなし》の筋《すじ》道《みち》が、きちんと通《とお》っていること。

首《しゅ》尾《び》一《いっ》貫《かん》

初《はじ》めから終《お》わりまで、一《ひと》つの考《かんが》え方《かた》や態《たい》度《ど》を貫《つらぬ》き通《とお》すこと。

思《し》慮《りょ》分《ふん》別《べつ》

注《ちゅう》意《い》深《ぶか》く考《かんが》えて、正《ただ》しく判《はん》断《だん》すること。ものごとのよい悪《わる》いをわきまえること。

是《ぜ》是《ぜ》非《ひ》非《ひ》

正《ただ》しいことは正《ただ》しい、悪《わる》いことは悪《わる》いと、公《こう》平《へい》に判《はん》断《だん》すること。

創《そう》意《い》工《く》夫《ふう》

新《あたら》しい思《おも》いつきやよい方《ほう》法《ほう》を、いろいろと考《かんが》えること。

色《いろ》のことばが使《つか》われている四字熟語《よじじゅくご》があるんだよ

色《いろ》の四字熟語《よじじゅくご》

コラム

金《きん》・銀《ぎん》

金《きん》銀《ぎん》財《ざい》宝《ほう》

金《きん》と銀《ぎん》と宝物《たからもの》。

金《きん》波《ぱ》銀《ぎん》波《ぱ》

月光《げっこう》や夕日《ゆうひ》の光《ひかり》を受《う》けて、金色《きんいろ》や銀色《ぎんいろ》に光《ひか》りかがやく波《なみ》。

紅《くれない》

紅《こう》毛《もう》碧《へき》眼《がん》

赤《あか》いかみの毛《け》と青《あお》い目《め》を持《も》った人《ひと》。西洋人《せいようじん》のこと。

黄《き》

黄《こう》塵《じん》万《ばん》丈《じょう》

黄色《きいろ》い土《つち》けむりが高《たか》くまい上《あ》がっているようす。

緑《みどり》・紅《くれない》

万《ばん》緑《りょく》一《いっ》紅《こう》

一面《いちめん》の緑色《みどりいろ》の草《くさ》むらの中《なか》に一《ひと》つの赤《あか》い花《はな》があるということから、たくさんのものの中《なか》に、優《すぐ》れたものが一《ひと》つあること。

青《あお》

青《あお》息《いき》吐《と》息《いき》

苦《くる》しくて、ため息《いき》をつくようす。

藍《あい》

出《しゅつ》藍《らん》之《の》誉《ほまれ》

弟子《でし》が、その師《し》より優《すぐ》れているということ。

紫《むらさき》

山《さん》紫《し》水《すい》明《めい》

山《やま》は紫色《むらさきいろ》にかすみ、水《みず》はすんで美《うつく》しいということから、自然《しぜん》の景色《けしき》が美《うつく》しいということ。

＊110ページも見《み》てね。

白《しろ》

清《せい》廉《れん》潔《けっ》白《ぱく》

心《こころ》がきれいで、やましいことがまったくないこと。

＊146ページも見《み》てね。

黒《くろ》

暗《あん》黒《こく》時《じ》代《だい》

世《よ》の中《なか》が乱《みだ》れ、悪事《あくじ》や不安《ふあん》がはびこる時代《じだい》。

5章《しょう》

自然《しぜん》・知恵《ちえ》・人生《じんせい》に関《かん》する四字熟語《よじじゅくご》

▲115ページ「日進月歩《にっしんげっぽ》」より

一《いち》期《ご》一《いち》会《え》

意《い》味《み》

一生《いっしょう》に一度《いちど》しかない出会《であ》いのこと。

メモ

「一期《いちご》」は一生《いっしょう》、「一会《いちえ》」は一度《いちど》の出会《であ》い。茶道《さどう》で、茶会《ちゃかい》にのぞむ心得《こころえ》（一度《いちど》かぎりの出会《であ》いと思《おも》うこと）をいったことば。

使《つか》い方《かた》

旅行先《りょこうさき》で友《とも》だちができたの？ すご～い！

どんなときも、**一期一会**《いちごいちえ》の気持《きも》ちで人《ひと》と接《せっ》することが大切《たいせつ》なんだよ。

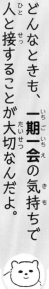

栄《えい》枯《こ》盛《せい》衰《すい》

意味《いみ》

栄《さか》えたり衰《おとろ》えたりすること。

メモ

「栄枯《えいこ》」は栄《さか》えることと枯《か》れること、「盛衰《せいすい》」は盛《さか》んになることと衰《おとろ》えること。

使《つか》い方《かた》

百年《ひゃくねん》続《つづ》いた和菓子《わがし》の店《みせ》が、ついに閉《へい》店《てん》か……。

栄枯盛衰《えいこせいすい》は、世《よ》の常《つね》ですね。

オレたちの友情《ゆうじょう》は衰《おとろ》えねーけどな！
ア、アデリーさん……！

温《おん》故《こ》知《ち》新《しん》

意《い》味《み》

昔《むかし》のことを学《まな》んだり調《しら》べたりして、そこから新《あたら》しい知識《ちしき》や考《かんが》え方《かた》を得《え》ること。

メモ

「温《おん》」はたずね求《もと》めること。元《もと》は「故《ふる》きを温《たず》ねて新《あたら》しきを知《し》る」ということば。

使《つか》い方《かた》

昔《むかし》の書物《しょもつ》を読《よ》んでいたら、いろいろなアイデアがわいてきたんだよ。

まさに**温故知新**《おんこちしん》だな。

三寒四温《さんかんしおん》

意味《いみ》

寒《さむ》い日《ひ》が三日《みっか》ぐらい続《つづ》くと、その後《あと》、暖《あたた》かい日《ひ》が四日《よっか》ぐらい続《つづ》くということ。

メモ

「三寒《さんかん》」は寒《さむ》い日《ひ》が三日間《みっかかん》、「四温《しおん》」は暖《あたた》かい日《ひ》が四日間《よっかかん》ということ。日本《にほん》の冬《ふゆ》の終《お》わりごろの気候《きこう》を表《あらわ》すことばだよ。

使《つか》い方《かた》

昨日《きのう》まで、こたつから出《で》られなかったのに、今日《きょう》は暖《あたた》かいですね。

三寒四温《さんかんしおん》で、これからだんだん春《はる》になっていくんだよ。

山《さん》紫《し》水《すい》明《めい》

意味《いみ》

山《やま》や川《かわ》、湖《みずうみ》などの自然《しぜん》の景色《けしき》が美《うつく》しいこと。

メモ

山《やま》は紫色《むらさきいろ》にかすみ、川《かわ》の水《みず》は明《あか》るくすんでいるのが美《うつく》しいということから。＊１０４ページも見《み》てね。

使《つか》い方《かた》

日本《にほん》には**山紫水明**《さんしすいめい》の地《ち》がたくさんあって、多《おお》くの画家《がか》が名画《めいが》をかいたんだよ。

すご〜い！

なかなかよいぞ！
ぼくもがんばろう〜！

自《じ》業《ごう》自《じ》得《とく》

意《い》味《み》

自分《じぶん》がした悪《わる》いことの報《むく》いを自分《じぶん》が受《う》けること。

メモ

「業《ごう》」は仏教《ぶっきょう》のことばで、「行《おこな》い」という意味《いみ》だよ。

使《つか》い方《かた》

食《た》べすぎて、お腹《なか》が痛《いた》いの？　大《だい》丈夫《じょうぶ》？

自業自得《じごうじとく》ですが、心配《しんぱい》なので休《やす》んでくださいね。

ぽんぽん
ゆっくり休《やす》んでね～

弱《じゃく》肉《にく》強《きょう》食《しょく》

意味《いみ》

強《つよ》いものが弱《よわ》いものをほろぼして栄《さか》えること。

メモ

「弱肉《じゃくにく》」は弱者《じゃくしゃ》の肉《にく》、「強食《きょうしょく》」は強者《きょうしゃ》の食《た》べ物《もの》。

使《つか》い方《かた》

アフリカのサバンナでは、ライオンは**弱肉強食**《じゃくにくきょうしょく》の頂点《ちょうてん》に立《た》っているんだよ。

邪悪《じゃあく》アタックで、我《われ》が頂点《ちょうてん》に立《た》ってみせる！

森《しん》羅《ら》万《ばん》象《しょう》

意《い》味《み》

宇《う》宙《ちゅう》に存《そん》在《ざい》する、すべてのもの。

メモ

「森羅《しんら》」は木々《きぎ》が連《つら》なって並《なら》んでいること、「万《ばん》象《しょう》」はすべての形《かたち》や現象《げんしょう》のこと。

使《つか》い方《かた》

いつか、**森《しん》羅《ら》万《ばん》象《しょう》**のなぞを解《と》き明《あ》かしてみたいんだよ。

シロクマさんなら、きっとできるはずだぜ！

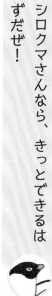

天《てん》変《ぺん》地《ち》異《い》

意味《いみ》

天《てん》と地《ち》に起《お》こる、自然《しぜん》の災害《さいがい》や異変《いへん》。

メモ

「天変《てんぺん》」は天空《てんくう》に起《お》こる異変《いへん》のことで台風《たいふう》・ごう雨《う》・日食《にっしょく》など。「地異《ちい》」は地上《ちじょう》で起《お》こる異変《いへん》のことで、地《じ》しん・ふん火《か》・こう水《ずい》など。

使《つか》い方《かた》

さっそく防災《ぼうさい》セットを作《つく》ったの？
えら〜い！

天変地異《てんぺんちい》に備《そな》えて、日《ひ》ごろから準備《じゅんび》しておくといいんだよ。

日《にっ》進《しん》月《げっ》歩《ぽ》

意味《いみ》 日《ひ》ごと月《つき》ごとに、どんどん進歩《しんぽ》すること。

メモ 「進歩《しんぽ》」という熟語《じゅくご》に、「日《にち》」と「月《げつ》」を組《く》み合《あ》わせたことばだよ。

使《つか》い方《かた》

ロボットそうじ機《き》を使《つか》ってるの？すご〜い！

電化製品《でんかせいひん》の発達《はったつ》は、まさに**日進月歩《にっしんげっぽ》**だな。

波《は》瀾《らん》万《ばん》丈《じょう》

意味《いみ》 ものごとの変化《へんか》がとても激《はげ》しいこと。

メモ 「波瀾《はらん》」は大波《おおなみ》と小波《こなみ》、「万丈《ばんじょう》」はとても高《たか》いこと。「波乱万丈《はらんばんじょう》」とも書《か》くよ。

使《つか》い方《かた》

にじを見《み》てラッキーと思《おも》っていたら、石《いし》につまずいて転《ころ》んで、邪《よこシマ》エナガちゃんに起《お》こしてもらったと思《おも》ったら、急《きゅう》な雨《あめ》にあったよ！

波瀾万丈《はらんばんじょう》な一日《いちにち》だったね。

油《ゆ》断《だん》大《たい》敵《てき》

意《い》味《み》

油《ゆ》断《だん》は大《おお》きな失敗《しっぱい》を招《まね》くから、油《ゆ》断《だん》は敵《てき》だと思《おも》って気《き》をつけるように、という、いましめ。

メモ

「油《ゆ》断《だん》」は注意《ちゅうい》をおこたること、「大《たい》敵《てき》」は大《おお》きな敵《てき》。

使《つか》い方《かた》

かけっこしたら、かめさんがうさぎさんに勝《か》ったの？　すご～い！

うさぎが途中《とちゅう》でねてしまったんです。**油《ゆ》断《だん》大《たい》敵《てき》**ということですね。

なるほどなあ
うさぎとかめ

自然《しぜん》・知恵《ちえ》・人生《じんせい》に関《かん》する四字熟語《よじじゅくご》

こんなにたくさん
あるの?
すご〜い!

自然《しぜん》

小春日和《こはるびより》

初冬《しょとう》のころの、春《はる》のように暖《あたた》かい天気《てんき》のこと。

四季折折《しきおりおり》

一年《いちねん》を通《とお》しての、その時々《ときどき》。

自然淘汰《しぜんとうた》

自然界《しぜんかい》では、環境《かんきょう》に適応《てきおう》できたものだけが生《い》き残《のこ》り、そうでないものはほろびるということ。

春夏秋冬《しゅんかしゅうとう》

春《はる》・夏《なつ》・秋《あき》・冬《ふゆ》の四《よっ》つの季節《きせつ》。

一朝一夕《いっちょういっせき》

短《みじか》い時間《じかん》のこと。

花鳥風月《かちょうふうげつ》

花《はな》・鳥《とり》・風《かぜ》・月《つき》などに代表《だいひょう》される、自然《しぜん》の美《うつく》しい景色《けしき》。

五穀豊穣《ごこくほうじょう》

穀物《こくもつ》が豊《ゆた》かに実《みの》ること。「五穀《ごこく》」は、米《こめ》・麦《むぎ》・あわ・きび・豆《まめ》の主食《しゅしょく》となる穀物《こくもつ》のこと。

古今東西《ここんとうざい》

昔《むかし》も今《いま》も、あらゆる場所《ばしょ》で。

風《ふう》光《こう》明《めい》媚《び》

自然《しぜん》の景色《けしき》が、清《きよ》らかでとても美《うつく》しいこと。

名《めい》所《しょ》旧《きゅう》跡《せき》

景色《けしき》がよく、歴史的《れきしてき》にも有名《ゆうめい》な所《ところ》。

津《つ》津《つ》浦《うら》浦《うら》

全国《ぜんこく》いたる所《ところ》。

菜《な》種《たね》梅《づ》雨《ゆ》

菜《な》の花《はな》がさくころ（三月末《さんがつまつ》から四《し》月《がつ》にかけて）に降《ふ》り続《つづ》く雨《あめ》のこと。

八《はち》十《じゅう》八《はち》夜《や》

立春《りっしゅん》から八十八日目《はちじゅうはちにちめ》の日《ひ》。農作物《のうさくぶつ》の種《たね》まきによいとされる。

知《ち》恵《え》

勧《かん》善《ぜん》懲《ちょう》悪《あく》

善《よ》い行《おこな》いを勧《すす》め、悪《わる》い行《おこな》いをした人《ひと》を懲《こ》らしめること。

悪《あく》事《じ》千《せん》里《り》

悪《わる》い行《おこな》いはうわさとなって、たちまち世間《せけん》に広《ひろ》まってしまうということ。

岡《おか》目《め》八《はち》目《もく》

何《なに》かをしている本人《ほんにん》よりも、そばで見《み》ている人《ひと》のほうが、ものごとを正確《せいかく》に判断《はんだん》できるということ。

朝三暮四《ちょうさんぼし》

口先《くちさき》でうまくごまかすこと。また、目先《めさき》のことにとらわれて、結局《けっきょく》は同《おな》じであるのに気《き》づかないこと。

孟母三遷《もうぼさんせん》

子《こ》どもの教育《きょういく》には、よい環境《かんきょう》を選《えら》ぶことが大切《たいせつ》だということ。

諸行無常《しょぎょうむじょう》

この世《よ》のすべてのものごとは常《つね》に移《うつ》り変《か》わり、ひとときも留《とど》まることがないということ。

深謀遠慮《しんぼうえんりょ》

先《さき》のことまで、よく見通《みとお》した計画《けいかく》のこと。

人生《じんせい》

盛者必衰《じょうしゃひっすい》

今《いま》は勢《いきお》いの盛《さか》んな者《もの》も、必《かなら》ず衰《おとろ》えてほろびるということ。

因果応報《いんがおうほう》

悪《わる》い行《おこな》いには悪《わる》い報《むく》いが、よい行《おこな》いにはよい報《むく》いがあるということ。

極楽往生《ごくらくおうじょう》

極楽《ごくらく》に生《う》まれ変《か》わること。また、安《やす》らかに死《し》ぬこと。

多事多難《たじたなん》

事件《じけん》や困難《こんなん》が多《おお》いこと。

年年歳歳《ねんねんさいさい》

来《く》る年《とし》来《く》る年《とし》。毎年毎年《まいとしまいとし》。

不老長寿《ふろうちょうじゅ》

年《とし》をとらずに、長生《ながい》きすること。

立身出世《りっしんしゅっせ》

社会《しゃかい》に認《みと》められて高《たか》い地位《ちい》につき、名声《めいせい》を得《え》ること。

新進気鋭《しんしんきえい》

新《あたら》しく現《あらわ》れ、勢《いきお》いが盛《さか》んで将来《しょうらい》が有望《ゆうぼう》なようす。また、そういう人《ひと》。

前途多難《ぜんとたなん》

これから先《さき》にたくさんの困難《こんなん》などが待《ま》ち受《う》けていること。

前途有望《ぜんとゆうぼう》

将来《しょうらい》に大《おお》いに望《のぞ》みがあること。

大願成就《たいがんじょうじゅ》

大《おお》きな願《ねが》いがかなえられること。

友《とも》だちとの会話《かいわ》や
運動会《うんどうかい》などで使《つか》える
四字熟語《よじじゅくご》だよ

シーン別《べつ》の四字熟語《よじじゅくご》

コラム

友《とも》だちをほめよう！

頭脳明晰《ずのうめいせき》
頭《あたま》がよく、考《かんが》え方《かた》がはっきりしていて筋《すじ》が通《とお》っていること。＊１４５ページと１４８ページも見《み》てね。

天真爛漫《てんしんらんまん》
ありのままで気取《きど》りがなく、明《あか》るいこと。＊１３８ページも見《み》てね。

品行方正《ひんこうほうせい》
行《おこな》いが正《ただ》しくきちんとしていること。

明朗快活《めいろうかいかつ》
明《あか》るく朗《ほが》らかで、はきはきとして元気《げんき》なようす。＊１４６ページも見《み》てね。

冷静沈着《れいせいちんちゃく》
何事《なにごと》にも動《どう》じないで、落《お》ち着《つ》いていること。＊98ページも見《み》てね。

運動会《うんどうかい》で使《つか》おう！

一致団結《いっちだんけつ》
心《こころ》を一《ひと》つにして、協力《きょうりょく》し合《あ》うこと。

真剣勝負《しんけんしょうぶ》
ものごとに本気《ほんき》で立《た》ち向《む》かうこと。＊99ページも見《み》てね。

正正堂堂《せいせいどうどう》
態度《たいど》や行動《こうどう》が正《ただ》しく、立派《りっぱ》であること。＊１００ページも見《み》てね。

全身全霊《ぜんしんぜんれい》
体《からだ》と心《こころ》のすべての力《ちから》。＊１００ページも見《み》てね。

全力投球《ぜんりょくとうきゅう》
すべての力《ちから》を出《だ》して、ものごとを行《おこな》うこと。＊54ページも見《み》てね。

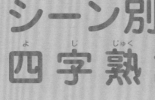

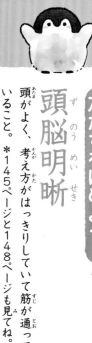

6 章《しょう》

その他《た》の四《よ》字《じ》熟《じゅく》語《ご》

▲135ページ「千《せん》差《さ》万《ばん》別《べつ》」より

一《いっ》長《ちょう》一《いっ》短《たん》

意味《いみ》

よい面《めん》もあり、悪《わる》い面《めん》もあり、完全《かんぜん》ではないこと。

メモ

「長《ちょう》」は長所《ちょうしょ》、「短《たん》」は短所《たんしょ》のこと。

使《つか》い方《かた》

かき氷《ごおり》のメニューをいろいろ考《かんが》えて、えら〜い！

最初《さいしょ》の案《あん》には**一長一短**《いっちょういったん》があったが、ようやく完成《かんせい》したぞ！

我《が》田《でん》引《いん》水《すい》

意味《いみ》

自分《じぶん》の都合《つごう》のよいように、考《かんが》えたり、ものごとを進《すす》めたりすること。

メモ

自分《じぶん》の田《た》んぼだけに水《みず》を引《ひ》き入《い》れることから。

使《つか》い方《かた》

みんなの話《はな》し合《あ》いがうまくいったの？　すご～い！

それぞれが**我田引水**《がでんいんすい》な主張《しゅちょう》をしなかったからだね。

画《が》竜《りょう》点《てん》睛《せい》

意味《いみ》

ものごとを完成《かんせい》させるための、大事《だいじ》な最《さい》後《ご》の仕上《しあ》げのこと。

メモ

竜《りゅう》の絵《え》に、最後《さいご》に目《め》をかき入《い》れるという中国《ちゅうごく》の昔《むかし》の話《はなし》から。「がりゅうてんせい」とも読《よ》むよ。

使《つか》い方《かた》

たこ焼《や》きを作《つく》ったの？

まだ、**画竜点睛**《がりょうてんせい》を欠《か》いているぜ。最《さい》後《ご》に青《あお》のりをのせないとな。

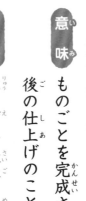

完《かん》全《ぜん》無《む》欠《けつ》

意味《いみ》

欠点《けってん》や不足《ふそく》がなく、完全《かんぜん》なようす。

メモ

「完全《かんぜん》」は不十分《ふじゅうぶん》なところがないこと、「無欠《むけつ》」は欠《か》けたところがないこと。同《おな》じような意味《いみ》のことばを並《なら》べて、意味《いみ》を強《つよ》めているよ。

使《つか》い方《かた》

アデリーさんは**完全無欠《かんぜんむけつ》**のペンギンに見《み》えます！

そんなことないぜ。せっかちな性格《せいかく》で損《そん》することもあるからな。

つれたー！！
あ!? まだ早《はや》かったか！

巧《こう》言《げん》令《れい》色《しょく》

意味《いみ》

口先《くちさき》だけのうまいことばや、表面《ひょうめん》だけのにこやかな顔《かお》つき。

メモ

「巧言《こうげん》」は、口先《くちさき》だけの巧《たく》みなことば、「令色《れいしょく》」は取《と》りつくろった顔《かお》つき。「巧言令色鮮《こうげんれいしょくすくな》し仁《じん》」ということばから。

使《つか》い方《かた》

お世辞《せじ》を言《い》ってだれかに気《き》に入《い》られようとする、**巧言令色《こうげんれいしょく》**な行動《こうどう》を取《と》るのはよくないと思《おも》うんだ。

は〜い！

よ！白玉団子《しらたまだんご》
無礼者《ぶれいもの》！
アデリーさんに巧言令色《こうげんれいしょく》はいっさいないんだよ

再《さい》三《さん》再《さい》四《し》

意《い》味《み》

何度《なんど》も何度《なんど》も。

メモ

「再三《さいさん》」だけで何度《なんど》も、という意味《いみ》。「再四《さいし》」はそれを強調《きょうちょう》するために付《つ》けたことばだよ。

使《つか》い方《かた》

新体操《しんたいそう》を始《はじ》めたの？　楽《たの》しそう！

再三再四《さいさんさいし》、さそいを受《う》けてな。貴様《きさま》もやるか？

七《しち》転《てん》八《ばっ》倒《とう》

意味《いみ》

激《はげ》しい痛《いた》みや苦《くる》しみで、転《ころ》げ回《まわ》ること。

メモ

「七《しち》」「八《はち》」は、数《かず》が多《おお》いことを表《あらわ》す。「しってんばっとう」「しちてんはっとう」とも読《よ》むよ。

使《つか》い方《かた》

自転車《じてんしゃ》で転《ころ》んだ？　大丈夫《だいじょうぶ》か？

体《からだ》をアスファルトに強打《きょうだ》して、**七転《しちてん》八倒《ばっとう》**の苦《くる》しみです！

そんなときは、一回《いっかい》休《きゅう》けいだよ

質《しつ》実《じつ》剛《ごう》健《けん》

意《い》味《み》

かざり気《け》がなくまじめで、心身《しんしん》ともに強《つよ》くたくましいこと。

メモ

「質実《しつじつ》」はかざらなくて誠実《せいじつ》なこと、「剛健《ごうけん》」は心《こころ》も体《からだ》も強《つよ》くたくましいこと。

使《つか》い方《かた》

アデリーさんは**質実剛健**《しつじつごうけん》なペンギンさんですよね！

うん、かっこいい！

邪《よこシマ》エナガちゃんもしつじつごうけん！
しょ…笑止《しょうし》！
（うれし〜！）

枝《し》葉《よう》末《まっ》節《せつ》

意味《いみ》

ものごとの主要《しゅよう》でない部分《ぶぶん》。ささいなこと。

メモ

「枝葉《しよう》」は枝《えだ》と葉《は》っぱ、「末節《まっせつ》」は木《き》の先《さき》のほうの節《ふし》のこと。どちらも主要《しゅよう》な幹《みき》と比《くら》べると重要《じゅうよう》でないということから。

使《つか》い方《かた》

みんなで、ハイキングのおやつを考《かんが》えよ～！

具体的《ぐたいてき》なプランを企画《きかく》するとき、最初《さいしょ》は、**枝葉末節《しようまっせつ》**にこだわらないことが大事《だいじ》なんだよ。

ハイキング、おやつは何《なに》を持《も》っていきましょう…
買《か》う…いや、自分《じぶん》で作《つく》って…
枝葉末節《しようまっせつ》ってヤツだぜ！

針《しん》小《しょう》棒《ぼう》大《だい》

意《い》味《み》

ものごとを大《おお》げさに言《い》うこと。

メモ

針《はり》のように小《ちい》さなものを棒《ぼう》のように大《おお》きく言《い》うということから。

使《つか》い方《かた》

書《しょ》道《どう》のコンクールで優《ゆう》勝《しょう》したの？すご～い！

いいえ。これから提出《ていしゅつ》するところなのに、どこかで**針《しん》小《しょう》棒《ぼう》大《だい》**に広《ひろ》まってしまったようです……。

晴《せい》耕《こう》雨《う》読《どく》

意味《いみ》

のどかで自由《じゆう》な生活《せいかつ》をすること。

メモ

晴《は》れた日《ひ》には田畑《たはた》を耕《たがや》し、雨《あめ》の日《ひ》には家《いえ》の中《なか》で読書《どくしょ》をするということから。

使《つか》い方《かた》

晴《せい》耕《こう》雨《う》読《どく》の生活《せいかつ》にあこがれるぜ。

アデリーさんは雨《あめ》の日《ひ》も畑《はたけ》を耕《たがや》していそうです……。

千《せん》差《さ》万《ばん》別《べつ》

意味《いみ》

多《おお》くのものが、それぞれちがっていること。種類《しゅるい》がとても多《おお》いこと。

メモ

「千《せん》」「万《まん》」は、数《かず》がとても多《おお》いことを表《あらわ》すよ。「差《さ》」「別《べつ》」は、ちがいや区別《くべつ》という意味《いみ》だよ。

使《つか》い方《かた》

スイーツが食《た》べたくなった？　ぐう然《ぜん》だな。我《われ》もだ！

一口《ひとくち》にスイーツといっても、ケーキにドーナツ、クッキーとか**千《せん》差《さ》万《ばん》別《べつ》**、いろいろあるぞ。

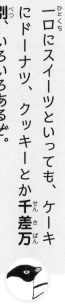

大《たい》器《き》晩《ばん》成《せい》

意《い》味《み》

大人物《だいじんぶつ》は、年《とし》をとってから実力《じつりょく》を示《しめ》すようになるということ。

メモ

「大器《たいき》」は大《おお》きな器《うつわ》、「晩成《ばんせい》」は遅《おそ》くできあがること。

使《つか》い方《かた》

ぼたもちさんは、**大器晩成《たいきばんせい》**かもしれないな。

そうだとうれしいです！

ゆっくりで
いいんだよー

適《てき》材《ざい》適《てき》所《しょ》

意味《いみ》

その人《ひと》の性格《せいかく》や能力《のうりょく》に応《おう》じて、その人《ひと》にいちばんふさわしい役目《やくめ》や仕事《しごと》を与《あた》えること。

メモ

適《てき》した材料《ざいりょう》を適《てき》した場所《ばしょ》に使《つか》うという意味《いみ》。

使《つか》い方《かた》

応《おう》えんに来《き》た〜！

適材適所《てきざいてきしょ》で、今回《こんかい》はコウペンちゃんには応《おう》えん係《がかり》をお願《ねが》いしようかな。

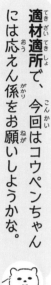

天《てん》真《しん》爛《らん》漫《まん》

意味《いみ》

ありのままで気《き》取《ど》りがなく、明《あか》るいこと。

メモ

「天真《てんしん》」は純《じゅん》すいな性格《せいかく》、「爛漫《らんまん》」は光《ひか》りかがやくようす。＊１２２ページも見《み》てね。

使《つか》い方《かた》

天真爛漫《てんしんらんまん》なコウペンちゃんの姿《すがた》が、私《わたし》たちの気持《きも》ちを明《あか》るくしてくれます。

そうなんだ～！

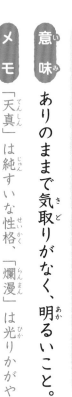

二《に》束《そく》三《さん》文《もん》

意味《いみ》　とても安《やす》い値段《ねだん》のこと。

メモ　二束《ふたたば》でたった三文《さんもん》ということから。「文《もん》」は昔《むかし》の安《やす》いお金《かね》の単位《たんい》のことだよ。

使《つか》い方《かた》

ぼくがかいた絵《え》、まだ持《も》っていてくれたの？

我《われ》には**二《に》束《そく》三《さん》文《もん》**の価値《かち》しかないがな。（ぼくには永遠《えいえん》に大切《たいせつ》な宝物《たからもの》だよ！）

百《ひゃく》戦《せん》錬《れん》磨《ま》

意《い》味《み》

たくさんの経験《けいけん》を積《つ》んで、きたえられていること。

メモ

「百戦《ひゃくせん》」はたくさんの戦《たたか》い、「錬磨《れんま》」は練《ね》（錬）り磨《みが》くこと。

使《つか》い方《かた》

百戦錬磨《ひゃくせんれんま》の兵《つわもの》を邪悪《じゃあく》アタックで倒《たお》したぞ！

さすが、邪《よこシマ》エナガちゃん！

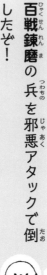

百《ひゃっ》発《ぱつ》百《ひゃく》中《ちゅう》

意味《いみ》

予想《よそう》やねらいがすべて当《あ》たること。

メモ

矢《や》やたまなどを百発放《ひゃっぱつはな》つと、百発《ひゃっぱつ》とも命中《めいちゅう》するということから。

使《つか》い方《かた》

百発百中《ひゃっぱつひゃくちゅう》でシュートを決《き》めただと？試《ため》しに我《われ》に放《ほう》ってみよ！

はなまるシュートだよ〜！

唯《ゆい》一《いつ》無《む》二《に》

意味《いみ》
この世《よ》にたった一《ひと》つしかないこと。

メモ
「唯一《ゆいいつ》」はたった一《ひと》つ、「無二《むに》」は二《ふた》つとないこと。

使《つか》い方《かた》
コウペンちゃんからもらったはなまるは、**唯一無二《ゆいいつむに》**の宝物《たからもの》です。

もっと、はなまるをあげる〜！

その他《た》の四《よ》字《じ》熟《じゅく》語《ご》

こんなにたくさん
あるの？
すご〜い！

ことば

大《たい》言《げん》壮《そう》語《ご》

できそうもないことを、えらそうに言《い》うこと。また、そのことば。

手《て》前《まえ》味《み》噌《そ》

自分《じぶん》で自分《じぶん》のことを自《じ》まんすること。

美《び》辞《じ》麗《れい》句《く》

うわべを美《うつく》しくかざり立《た》てたことば。

無《む》味《み》乾《かん》燥《そう》

味《あじ》わいもおもしろみもないこと。

一《いち》言《ごん》一《いっ》句《く》

①一《ひと》つ一《ひと》つのことば。
②わずかなことば。

外《がい》交《こう》辞《じ》令《れい》

口先《くちさき》だけの表面的《ひょうめんてき》なお世辞《せじ》のこと。

起《き》承《しょう》転《てん》結《けつ》

文章《ぶんしょう》や話《はなし》の組《く》み立《た》て方《かた》。

自《じ》問《もん》自《じ》答《とう》

自分《じぶん》に問《と》いかけて、自分《じぶん》で答《こた》えること。

くらし

一《いち》汁《じゅう》一《いっ》菜《さい》

とても質素《しっそ》な食事《しょくじ》のこと。

牛《ぎゅう》飲《いん》馬《ば》食《しょく》

たくさん食《た》べたり飲《の》んだりすること。

自《じ》給《きゅう》自《じ》足《そく》

自分《じぶん》が必要《ひつよう》とするものを自分《じぶん》で作《つく》って、間《ま》に合《あ》わせること。

日《にち》常《じょう》茶《さ》飯《はん》

ごくありふれたこと。

平《へい》穏《おん》無《ぶ》事《じ》

何事《なにごと》もなく穏《おだ》やかなようす。

悠《ゆう》悠《ゆう》自《じ》適《てき》

のんびりと落《お》ち着《つ》いて、自分《じぶん》が思《おも》うように過《す》ごすこと。

和《わ》洋《よう》折《せっ》衷《ちゅう》

日本風《にほんふう》のものと西洋風《せいようふう》のものとをうまく合《あ》わせて、一《ひと》つにすること。

能《のう》力《りょく》

天《てん》下《か》無《む》敵《てき》

世《よ》の中《なか》に、相手《あいて》になるものがいないほど強《つよ》いこと。

文《ぶん》武《ぶ》両《りょう》道《どう》

学問《がくもん》と武道《ぶどう》の両方《りょうほう》に優《すぐ》れていること。

無《む》知《ち》蒙《もう》昧《まい》

知識《ちしき》がなくて、ものごとの道理《どうり》を知《し》らないこと。

面《めん》目《もく》躍《やく》如《じょ》

評価《ひょうか》どおりに、その人《ひと》らしく生《い》き生《い》きと活躍《かつやく》しているようす。

＊ 149 ページも見《み》てね。

器《き》用《よう》貧《びん》乏《ぼう》

何《なに》をしてもうまくできるので、一《ひと》つのことに集中《しゅうちゅう》できず、かえって大《たい》成《せい》しないこと。

才《さい》色《しょく》兼《けん》備《び》

優《すぐ》れた才能《さいのう》と美《うつく》しい容姿《ようし》の両方《りょうほう》を備《そな》えていること。

実《じつ》力《りょく》伯《はく》仲《ちゅう》

力《ちから》が同《おな》じくらいで、ほとんど差《さ》がないこと。

頭《ず》脳《のう》明《めい》晰《せき》

頭《あたま》がよく、考《かんが》え方《かた》がはっきりしていて筋《すじ》が通《とお》っていること。

＊ 122 ページと 148 ページも見《み》てね。

性《せい》格《かく》

清《せい》廉《れん》潔《けっ》白《ぱく》

心《こころ》がきれいで、やましいことがまったくないこと。

＊ 104 ページも見《み》てね。

善《ぜん》男《なん》善《ぜん》女《にょ》

仏教《ぶっきょう》を深《ふか》く信《しん》じている人々《ひとびと》のこと。

八《はっ》方《ぽう》美《び》人《じん》

周《まわ》りからよく思《おも》われようと、だれにでも愛想《あいそ》をふりまく人《ひと》のこと。

明《めい》朗《ろう》快《かい》活《かつ》

明《あか》るく朗《ほが》らかで、はきはきとして元《げん》気《き》なようす。

＊ 122 ページも見《み》てね。

海《うみ》千《せん》山《やま》千《せん》

いろいろな経験《けいけん》を積《つ》んで、世《よ》の中《なか》を知《し》りつくした、したたかな人《ひと》のこと。

頑《がん》固《こ》一《いっ》徹《てつ》

思《おも》ったことを強《つよ》くおし通《とお》すこと。

自《じ》由《ゆう》奔《ほん》放《ぽう》

何《なん》の気《き》がねもなく、自分《じぶん》の思《おも》うようにふるまうようす。

聖《せい》人《じん》君《くん》子《し》

知識《ちしき》や教養《きょうよう》があり、人徳《じんとく》も備《そな》えた理想的《りそうてき》な人物《じんぶつ》のこと。

健《けん》康《こう》

頭《ず》寒《かん》足《そく》熱《ねつ》

頭《あたま》を冷《ひ》やし、足《あし》を温《あたた》めること。

＊148ページも見《み》てね。

疲《ひ》労《ろう》困《こん》憊《ぱい》

ひどく疲《つか》れること。

医《い》食《しょく》同《どう》源《げん》

正《ただ》しい食生活《しょくせいかつ》を送《おく》ることは、病気《びょうき》を防《ふせ》ぎ、健康《けんこう》を保《たも》つことと同《おな》じだということ。

一《いち》病《びょう》息《そく》災《さい》

一《ひと》つくらい病気《びょうき》を持《も》っていたほうが、体《からだ》に気《き》をつけるから逆《ぎゃく》に長生《ながい》きできるということ。

値打《ねう》ち

門《もん》外《がい》不《ふ》出《しゅつ》

貴重《きちょう》なものを大切《たいせつ》にしまっておき、人《ひと》に見《み》せたり、貸《か》したりしないこと。

有《ゆう》名《めい》無《む》実《じつ》

名前《なまえ》ばかりが立派《りっぱ》で、それにともなう中身《なかみ》がないこと。

真《しん》実《じつ》一《いち》路《ろ》

一筋《ひとすじ》に真実《しんじつ》を求《もと》めて、生《い》きていくこと。

大《たい》義《ぎ》名《めい》分《ぶん》

①人《ひと》として守《まも》らなければいけないこと。

②何《なに》かをするときの正当《せいとう》な理由《りゆう》。

おまけ 体《からだ》の四字熟語《よじじゅくご》

人《ひと》や動物《どうぶつ》の体《からだ》の部分《ぶぶん》の名前《なまえ》を使《つか》った四字熟語《よじじゅくご》があるんだよ

口《くち》

開《かい》口《こう》一《いち》番《ばん》

話《はな》し始《はじ》めてすぐに。＊28ページも見《み》てね。

異《い》口《く》同《どう》音《おん》

多《おお》くの人《ひと》が、口《くち》をそろえて同《おな》じことを言《い》うこと。＊13ページも見《み》てね。

頭《あたま》

頭《ず》脳《のう》明《めい》晰《せき》

頭《あたま》がよく、考《かんが》え方《かた》がはっきりしていて筋《すじ》が通《とお》っていること。＊122ページと145ページも見《み》てね。

頭《ず》寒《かん》足《そく》熱《ねつ》

頭《あたま》を冷《ひ》やし、足《あし》を温《あたた》めること。＊147ページも見《み》てね。

脚《あし》

二《に》人《にん》三《さん》脚《きゃく》

二人《ふたり》で協力《きょうりょく》してものごとを成《な》しとげていくこと。

耳《みみ》

馬《ば》耳《じ》東《とう》風《ふう》

人《ひと》の意見《いけん》や忠告《ちゅうこく》などを聞《き》き流《なが》すこと。＊80ページと93ページも見《み》てね。

目《め》

一《いち》目《もく》瞭《りょう》然《ぜん》

一目見《ひとめみ》ただけで、はっきりとわかるようす。＊52ページも見《み》てね。

面《めん》目《もく》躍《やく》如《じょ》

評価《ひょうか》どおりに、その人《ひと》らしく生《い》き生《い》きと活躍《かつやく》しているようす。＊145ページも見《み》てね。

鼻《はな》

阿《あ》鼻《び》叫《きょう》喚《かん》

むごたらしい状況《じょうきょう》の中《なか》で、助《たす》けを求《もと》めて泣《な》き叫《さけ》ぶようす。

顔《かお》・面《つら》

面《おも》白《しろ》半《はん》分《ぶん》

本気《ほんき》ではない、ふざけた気持《きも》ち。

顔《がん》面《めん》蒼《そう》白《はく》

顔色《かおいろ》が悪《わる》いようす。

破《は》顔《がん》一《いっ》笑《しょう》

顔《かお》をほころばせて、にっこりすること。＊32ページも見《み》てね。

舌《した》

舌《した》先《さき》三《さん》寸《ずん》

口先《くちさき》だけで、心《こころ》がともなっていないこと。＊29ページも見《み》てね。

腹《はら》

抱《ほう》腹《ふく》絶《ぜっ》倒《とう》

腹《はら》を抱《かか》えて転《ころ》げるほど、大笑《おおわら》いすること。＊33ページも見《み》てね。

さくいん

すべての四字熟語《よじじゅくご》を50音順《おんじゅん》に並《なら》べているページだよ。

あ

か

さ

は

ま

や

ら

わ

おわりに
～おうちのかたへ～

本書《ほんしょ》では、「四字熟語《よじじゅくご》」を楽《たの》しく学《まな》べるように、人気《にんき》キャラクター「コウペンちゃん」と仲間《なかま》たちに、四字熟語《よじじゅくご》の使《つか》い方《かた》の例《れい》を示《しめ》してもらいました。

コウペンちゃんの「かわいらしさ」と、邪《よこシマ》エナガさんやアデリーさんの「上《うえ》から目線《めせん》の発言《はつげん》」や「つぶやき」、そして、シロクマさんや大人《おとな》のペンギンさんの「優《やさ》しく、丁《てい》ねいな説明《せつめい》」によって、四字熟語《よじじゅくご》の実際的《じっさいてき》な場面《ばめん》での使《つか》い方《かた》が表《あらわ》されています。

ともすれば、四字熟語《よじじゅくご》の学習《がくしゅう》は、堅苦《かたくる》しいものになりがちで、子《こ》どもにとっても、大人《おとな》にとっても、とっつきにくいものなのですが、コウペンちゃんたちのおかげで、ほのぼのした気持《きも》ちで、学《まな》ぶことができたのではないでしょうか。

四字熟語《よじじゅくご》は、その意味《いみ》を知《し》るだけでなく、生活《せいかつ》の中《なか》で使《つか》ってこそ、そのよさが実感《じっかん》できます。日本語《にほんご》の奥深《おくぶか》さを感《かん》じることができます。
また、四字熟語《よじじゅくご》を使《つか》いこなせることで、日本語《にほんご》の使《つか》い手《て》として、さらに上《うえ》の上級者《じょうきゅうしゃ》となれること請《う》け合《あ》いです。

本書《ほんしょ》では、①気持《きも》ちに関《かん》する四字熟語《よじじゅくご》、②行動《こうどう》に関《かん》する四字熟語《よじじゅくご》、③状況《じょうきょう》に関《かん》する四字熟語《よじじゅくご》、④態度《たいど》に関《かん》する四字熟語《よじじゅくご》、⑤自然《しぜん》・知恵《ちえ》・人生《じんせい》に関《かん》する四字熟語《よじじゅくご》など、その意味《いみ》ごとのカテゴリーに分類《ぶんるい》しています。どのような場面《ばめん》で使《つか》うことができるかを考《かんが》えながら学《まな》べたらよいと思《おも》っています。

ことばの勉強《べんきょう》では、楽《たの》しむこと、興味《きょうみ》を持《も》つことがまず大切《たいせつ》です。どうか、お子さまと共《とも》に四字熟語《よじじゅくご》を楽《たの》しんでください。そして、四字熟語《よじじゅくご》に親《した》しみ、様々《さまざま》な生活《せいかつ》の中《なか》で四字熟語《よじじゅくご》を使《つか》ってみてください。きっと、言語生活《げんごせいかつ》が豊《ゆた》かなものになることでしょう。

令和元年《れいわがんねん》12月吉日《がっきちじつ》

京都下鴨《きょうとしもがも》にて　中部大学《ちゅうぶだいがく》　教授《きょうじゅ》　深谷圭助《ふかやけいすけ》

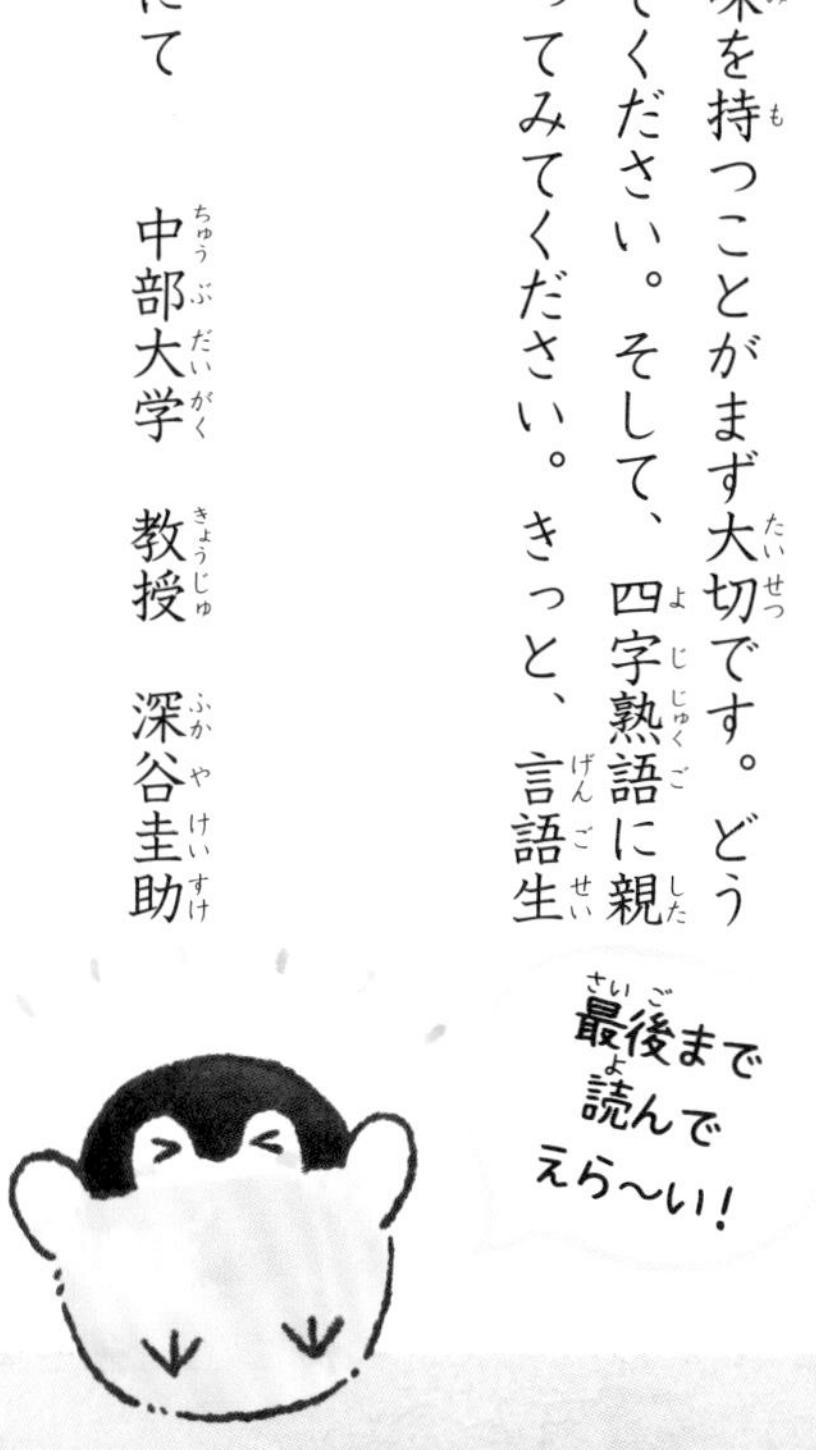

〔イラスト〕るるてあ
イラストレーター。「朝おきれたの？　すごーい！」などなど、なんでも肯定してくれるコウテイペンギンの赤ちゃん「コウペンちゃん」をTwitterで発表して爆発的な人気を得る。フォロワー数は32万人を超える。
Twitter：@k_r_r_l_l_

〔監修〕深谷　圭助（ふかや・けいすけ）
1965年生まれ。立命館小学校校長を経て、中部大学現代教育学部教授。特定非営利活動法人こども・ことば研究所理事長。生活のあらゆる場面で辞書を引く「辞書引き学習」を開発し、自ら学ぶことの大切さを提唱している。

ブックデザイン／長谷川 有香（ムシカゴグラフィクス）
校正／マイプラン
DTP／山本 深雪、山本 秀一（G-clef）
編集協力／大門 久美子（アディインターナショナル）、福田 美代子

コウペンちゃんといっしょに学《まな》ぶ　小学生《しょうがくせい》の四字熟語《よじじゅくご》

2020年1月27日　初版発行
2022年2月10日　4版発行

イラスト／るるてあ
監修／深谷《ふかや》 圭助《けいすけ》
発行者／青柳 昌行
発行／株式会社KADOKAWA
〒102-8177　東京都千代田区富士見2-13-3
電話　0570-002-301（ナビダイヤル）

印刷所／図書印刷株式会社

●お問い合わせ
https://www.kadokawa.co.jp/（「お問い合わせ」へお進みください）
※内容によっては、お答えできない場合があります。
※サポートは日本国内に限らせていただきます。
※Japanese text only

定価はカバーに表示してあります。

ISBN 978-4-04-604407-5　C6081